视频解答版

围棋入门精练
1500题

崔 钢　宋建文　主编

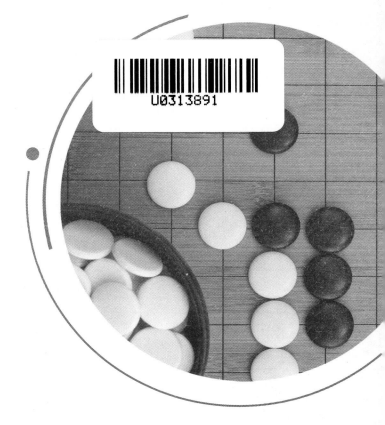

化学工业出版社

·北京·

图书在版编目（CIP）数据

围棋入门精练1500题：视频解答版. 基础篇 / 崔钢，宋建文主编. — 北京：化学工业出版社，2021.10

ISBN 978-7-122-39820-8

Ⅰ. ①围… Ⅱ. ①崔… ②宋… Ⅲ. ①围棋－习题集 Ⅳ. ①G891.3-44

中国版本图书馆 CIP 数据核字（2021）第 176647 号

责任编辑：宋　薇　　　　　　　　　　　　装帧设计：张　辉
责任校对：边　涛　　　　　　　　　　　　版式设计：水长流文化

出版发行：化学工业出版社（北京市东城区青年湖南街 13 号　邮政编码 100011）
印　　装：天津画中画印刷有限公司
710mm×1000mm　1/16　印张 12¼　字数 239 千字　2022 年 2 月北京第 1 版第 1 次印刷

购书咨询：010-64518888　　　　　　　　售后服务：010-64518899
网　　址：http://www.cip.com.cn

定　　价：49.80 元

前言

初学者学棋，如果想快速提高，只靠学但不练习，是远远不够的。我们来算一笔账，初学围棋，1个月上8节课，一年有12个月，共上了96节课，一节课就算足足2小时，而且一次都没有缺课，一年共学习192小时。每天24小时，192小时等于8天，只学不练，到底是学了1年还是只学了8天呢？

棋力进步速度不仅和做练习的量有关，还和学棋时的专注力、记忆力、计算力，以及习惯、抗挫折力等密切相关。著名围棋大师吴清源曾经说过：围棋就是练心，赢棋靠实力，棋艺水平高，实力才会强。牢固的基础来源于勤加练习，否则会像不打地基就在沙滩上盖房子一样，很难经得起风浪的考验。

要想在学习围棋的过程中不断进步，成为围棋高手，大量做题既是一条捷径，也是必需的基本功。通过练习，首先可以锻炼对局中的计算深度和精准度，大幅提升计算能力；其次可以提高对棋形的感知的敏锐度，增强棋感，有利于准确寻找到攻防的要点；最后可以领会"敌之要点即我之要点"的思想内涵，学会从对方的角度看问题，准确分析对方的攻防意图，拓宽行棋思路。

围棋入门阶段的不断进步，是一个从量变到质变的过程，除了保证必要的训练量以外，练习册的选择也至关重要，一本好的习题集就像一位可以提供卓越指引的好教练，能够帮助学习者提高训练的质量，快速提升棋力，提高计算能力和逻辑思维能力。

《围棋入门精练1500题》（视频解答版）分为基础篇和提高篇两册，融汇作者20余年围棋基础教学经验，专为初学围棋的学习者而设计，易学好练，根据不同要点匹配练习题，题量多且题型丰富。书中共配套了42个围棋基本概念讲解视频和1500个解答习题的动态图，扫码即可观看，不仅能够快速掌握围棋入门的要点，还能完整看到每道题的解答过程，使初学者在练习中容易获得成就感，也大幅提高了学棋的效率。

本书由崔钢、宋建文主编，参与编写的还有梁静、程春燕、李圣洁、赵原、董青青、宋煜辉。曹杰进行了教学实践及稿件的修改整理工作。

限于编写时间与精力，书中若有不妥之处，敬请指正。

编　者

目录

第(三)章 断和连接

第(四)章 吃子的方法

第一章

气

气
扫码看讲解

一、请用"×"标出黑子的气

气：紧挨着棋子并有直线相连的交叉点就是该棋子的气。

题目1　请用"×"标出黑子的气

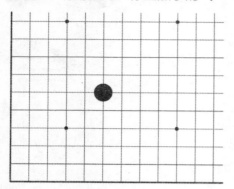

题目2　请用"×"标出黑子的气

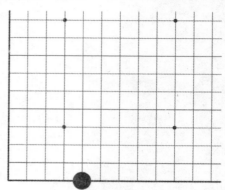

题目3　请用"×"标出黑子的气

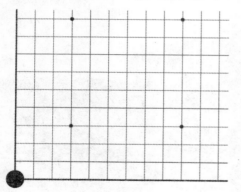

题目4　请用"×"标出黑子的气

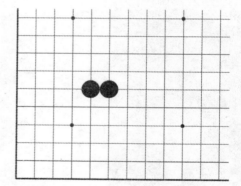

题目5　请用"×"标出黑子的气

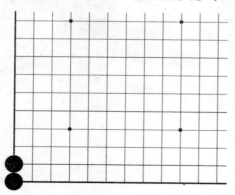

题目6　请用"×"标出黑子的气

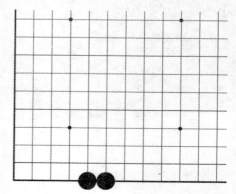

题目7 请用"×"标出黑子的气

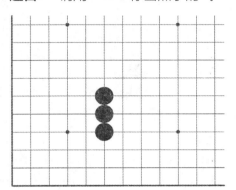

题目8 请用"×"标出黑子的气

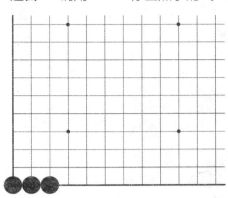

题目9 请用"×"标出黑子的气

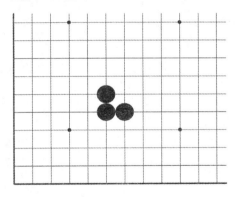

题目10 请用"×"标出黑子的气

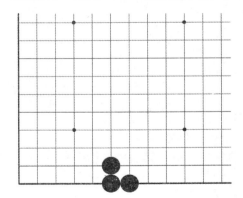

扫一扫
答案立现

题目1~10 答案

题目11　请用"×"标出黑子的气

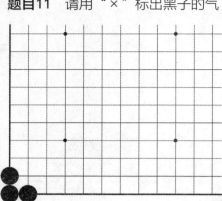

题目12　请用"×"标出黑子的气

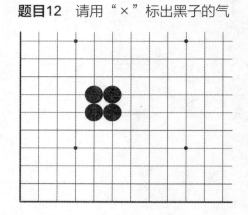

题目13　请用"×"标出黑子的气

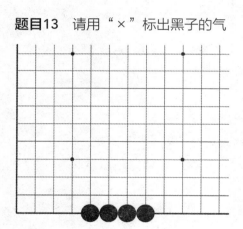

题目14　请用"×"标出黑子的气

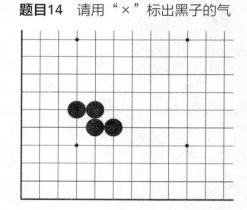

题目15　请用"×"标出黑子的气

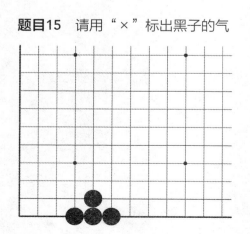

题目16　请用"×"标出黑子的气

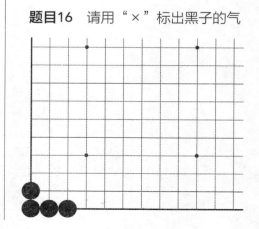

题目17 请用"×"标出黑子的气

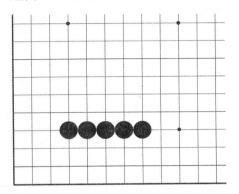

题目18 请用"×"标出黑子的气

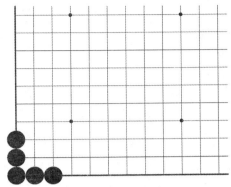

题目19 请用"×"标出黑子的气

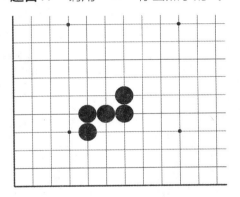

题目20 请用"×"标出黑子的气

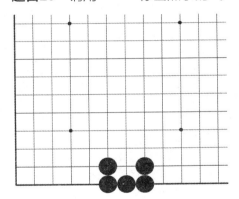

扫一扫
答案立现

题目11～20 答案

题目21　请用"×"标出黑子的气

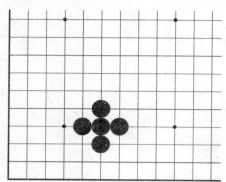

题目22　请用"×"标出黑子的气

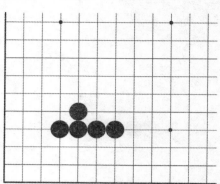

题目23　请用"×"标出黑子的气

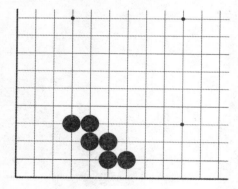

题目24　请用"×"标出黑子的气

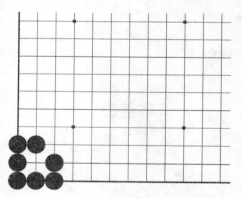

题目25　请用"×"标出黑子的气

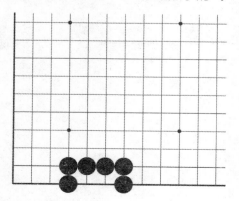

题目26　请用"×"标出黑子的气

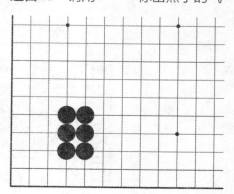

题目27 请用"×"标出黑子的气

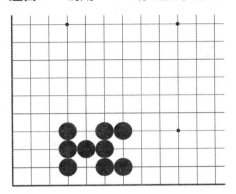

题目28 请用"×"标出黑子的气

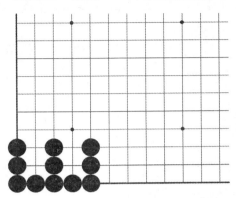

题目29 请用"×"标出黑子的气

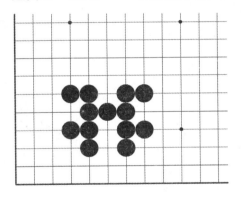

题目30 请用"×"标出黑子的气

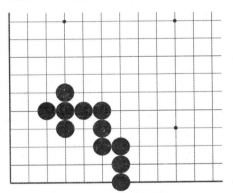

扫一扫
答案立现

题目21～30 答案

二、请用"×"标出白△子的气

题目1　请用"×"标出白△子的气

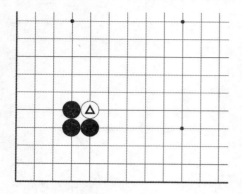

题目2　请用"×"标出白△子的气

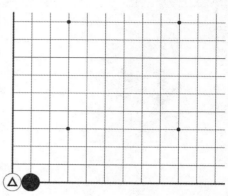

题目3　请用"×"标出白△子的气

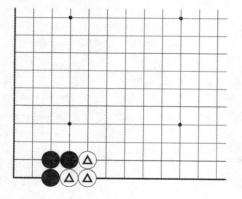

题目4　请用"×"标出白△子的气

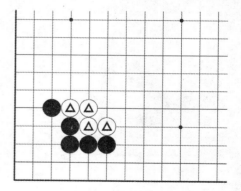

题目5　请用"×"标出白△子的气

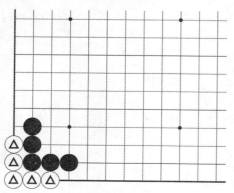

题目6　请用"×"标出白△子的气

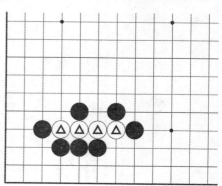

题目7 请用"×"标出白△子的气

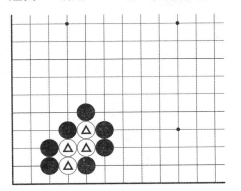

题目8 请用"×"标出白△子的气

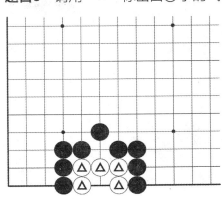

题目9 请用"×"标出白△子的气

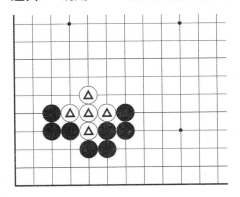

题目10 请用"×"标出白△子的气

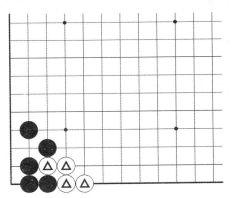

扫一扫
答案立现

题目1~10 答案

题目11 请用"×"标出白△子的气

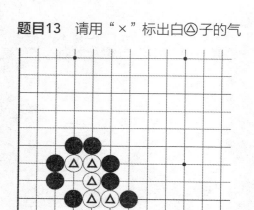

题目12 请用"×"标出白△子的气

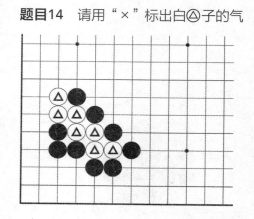

题目13 请用"×"标出白△子的气

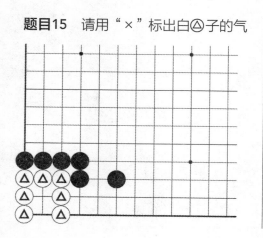

题目14 请用"×"标出白△子的气

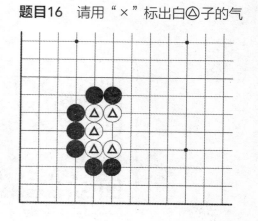

题目15 请用"×"标出白△子的气

题目16 请用"×"标出白△子的气

题目17 请用"×"标出白⚪子的气

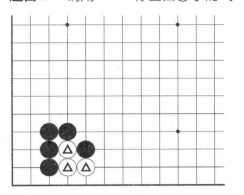

题目18 请用"×"标出白⚪子的气

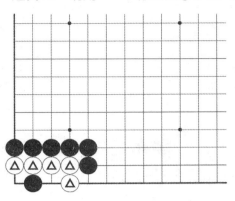

题目19 请用"×"标出白⚪子的气

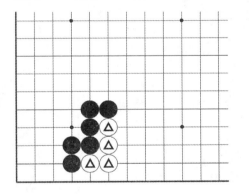

题目20 请用"×"标出白⚪子的气

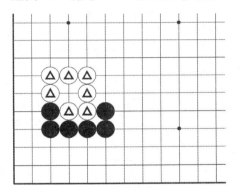

扫一扫
答案立现

题目11～20 答案

题目21 请用"×"标出白△子的气

题目22 请用"×"标出白△子的气

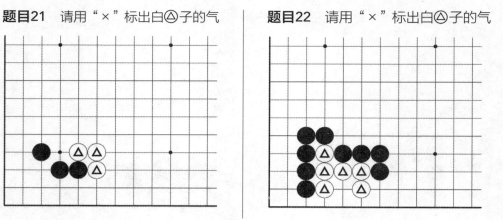

题目23 请用"×"标出白△子的气

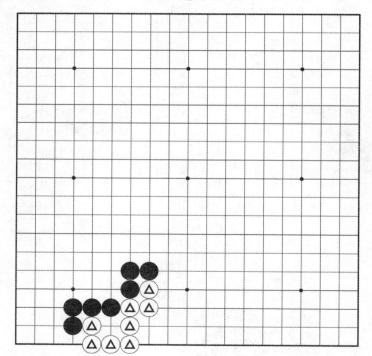

题目24 请用"×"标出白△子的气

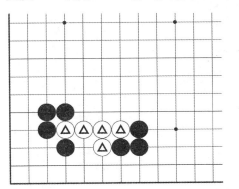

题目25 请用"×"标出白△子的气

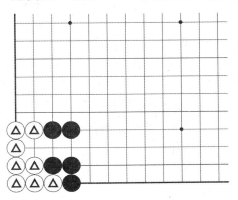

题目26 请用"×"标出白△子的气

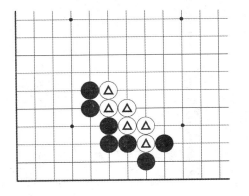

题目27 请用"×"标出白△子的气

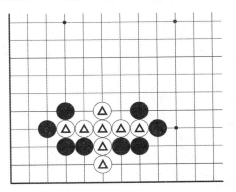

扫一扫
答案立现

题目21～27 答案

题目28 请用"×"标出白⊿子的气

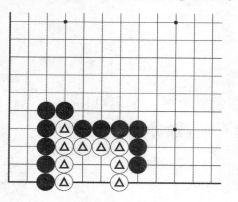

题目29 请用"×"标出白⊿子的气

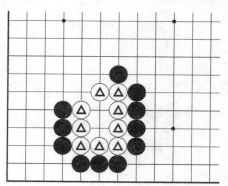

题目30 请用"×"标出白⊿子的气

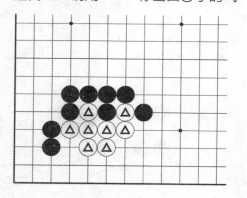

扫一扫
答案立现

题目28~30 答案

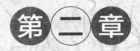

基础知识

一、打吃

打吃：下一手棋后对方棋子只剩一口气，这手棋叫打吃。

1. 请判断白①是（√）否（×）打吃黑子

题目1 请判断白①是（√）否（×）打吃黑子

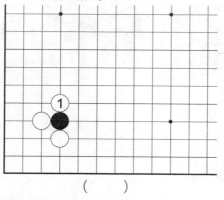

（　　　）

题目2 请判断白①是（√）否（×）打吃黑子

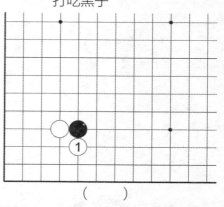

（　　　）

题目3 请判断白①是（√）否（×）打吃黑子

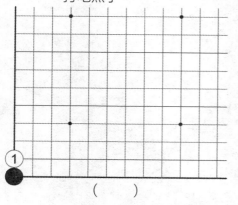

（　　　）

题目4 请判断白①是（√）否（×）打吃黑子

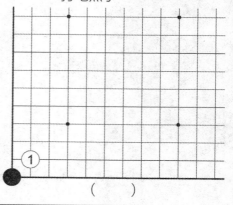

（　　　）

扫一扫
答案立现

题目1～10 答案

题目5 请判断白①是（√）否（×）打吃黑子

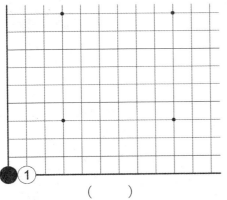

（　　　）

题目6 请判断白①是（√）否（×）打吃黑子

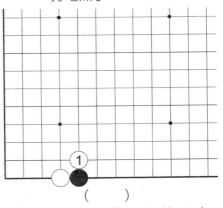

（　　　）

题目7 请判断白①是（√）否（×）打吃黑子

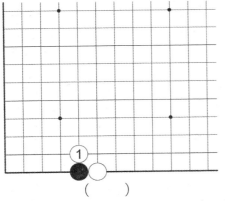

（　　　）

题目8 请判断白①是（√）否（×）打吃黑子

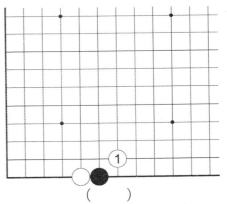

（　　　）

题目9 请判断白①是（√）否（×）打吃黑子

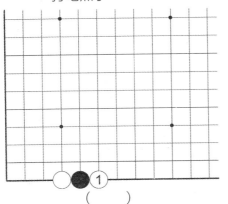

（　　　）

题目10 请判断白①是（√）否（×）打吃黑子

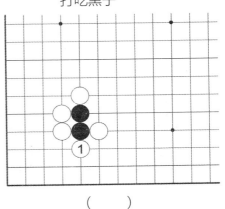

（　　　）

题目11 请判断白①是（√）否（×）
打吃黑子

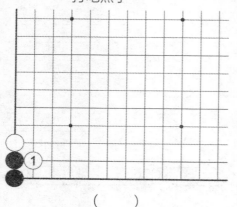

(   )

题目12 请判断白①是（√）否（×）
打吃黑子

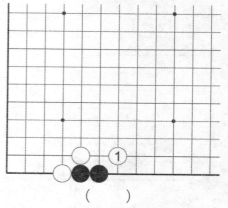

(   )

题目13 请判断白①是（√）否（×）
打吃黑子

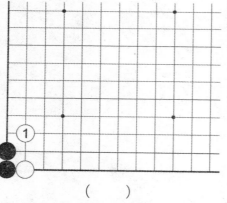

(   )

题目14 请判断白①是（√）否（×）
打吃黑子

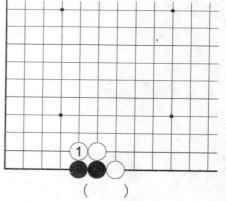

(   )

题目15 请判断白①是（√）否（×）
打吃黑子

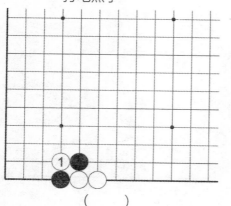

(   )

题目16 请判断白①是（√）否（×）
打吃黑子

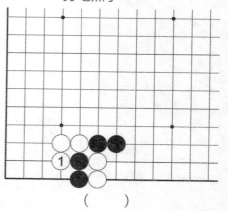

(   )

题目17 请判断白①是（√）否（×）
打吃黑子

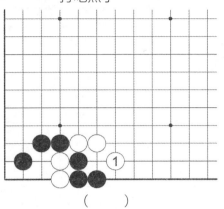

（　　　）

题目18 请判断白①是（√）否（×）
打吃黑子

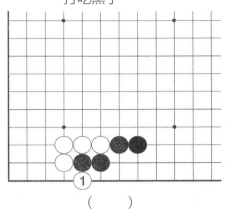

（　　　）

扫一扫
答案立现

⋙

题目11～18 答案

2. 请用△标出被打吃的白子

题目1 请用△标出被打吃的白子

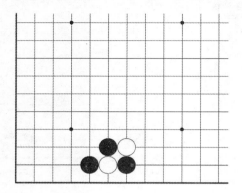

题目2 请用△标出被打吃的白子

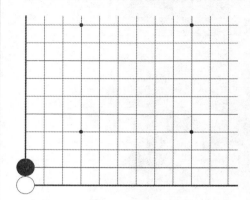

题目3 请用△标出被打吃的白子

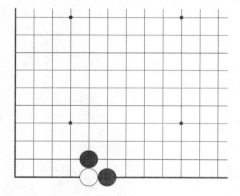

题目4 请用△标出被打吃的白子

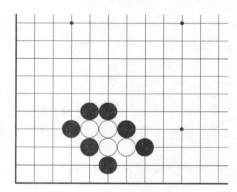

题目5 请用△标出被打吃的白子

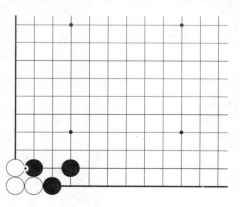

题目6 请用△标出被打吃的白子

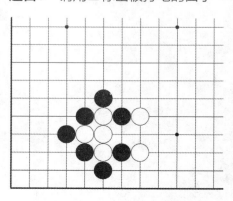

题目7 请用△标出被打吃的白子

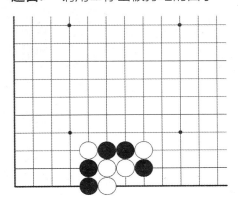

题目8 请用△标出被打吃的白子

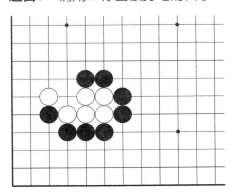

题目9 请用△标出被打吃的白子

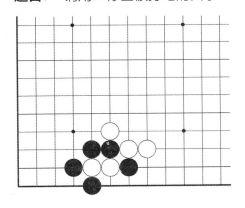

题目10 请用△标出被打吃的白子

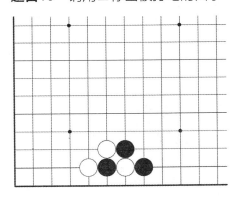

扫一扫
答案立现

题目1～10 答案

题目11　请用△标出被打吃的白子

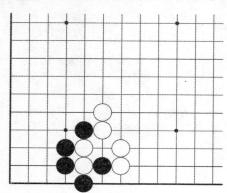

题目12　请用△标出被打吃的白子

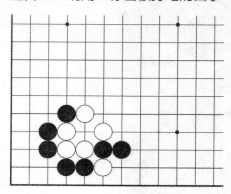

题目13　请用△标出被打吃的白子

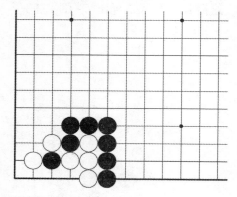

题目14　请用△标出被打吃的白子

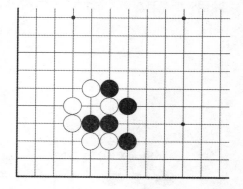

题目15　请用△标出被打吃的白子

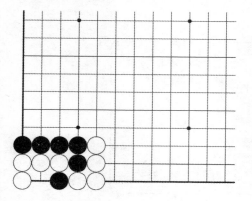

题目16　请用△标出被打吃的白子

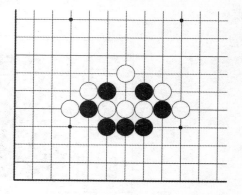

题目17 请用△标出被打吃的白子

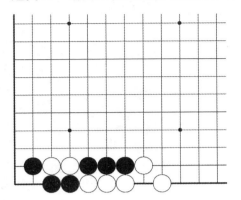

题目18 请用△标出被打吃的白子

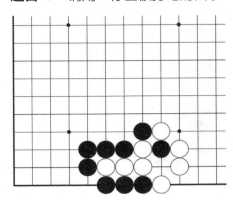

题目19 请用△标出被打吃的白子

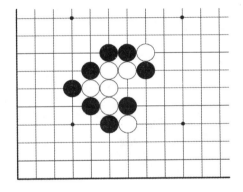

题目20 请用△标出被打吃的白子

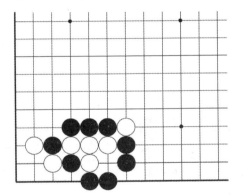

扫一扫
答案立现

题目11～20 答案

题目21　请用△标出被打吃的白子

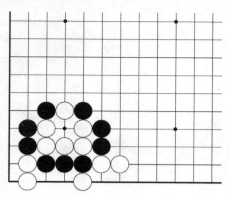

题目22　请用△标出被打吃的白子

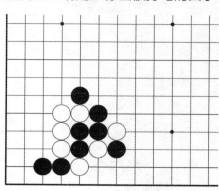

题目23　请用△标出被打吃的白子

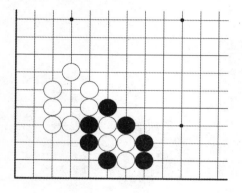

题目24　请用△标出被打吃的白子

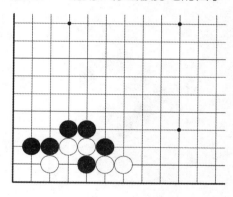

题目25　请用△标出被打吃的白子

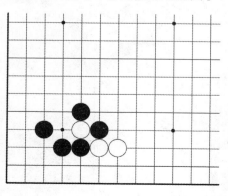

题目26　请用△标出被打吃的白子

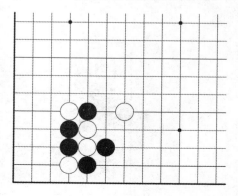

题目27 请用△标出被打吃的白子

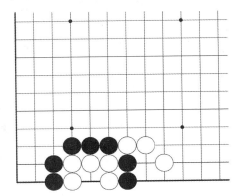

题目28 请用△标出被打吃的白子

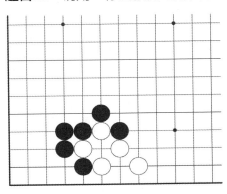

题目29 请用△标出被打吃的白子

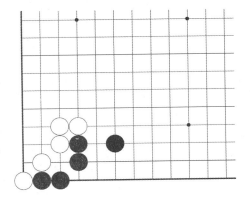

题目30 请用△标出被打吃的白子

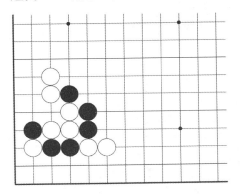

扫一扫
答案立现

题目21～30 答案

3. 请判断白棋打吃的方向是否正确（正确标√，错误标×）

题目1 请判断白棋打吃的方向是否正确

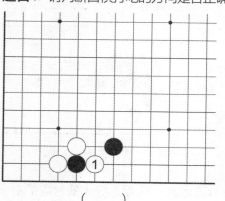

（　　　）

题目2 请判断白棋打吃的方向是否正确

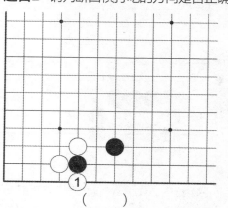

（　　　）

题目3 请判断白棋打吃的方向是否正确

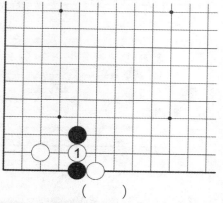

（　　　）

题目4 请判断白棋打吃的方向是否正确

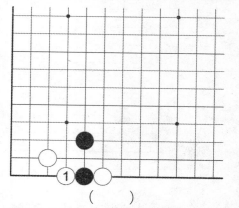

（　　　）

题目5 请判断白棋打吃的方向是否正确

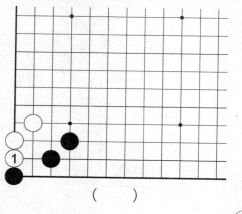

（　　　）

题目6 请判断白棋打吃的方向是否正确

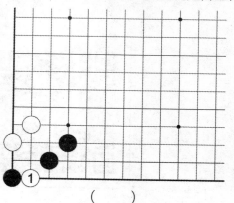

（　　　）

题目7 请判断白棋打吃的方向是否正确

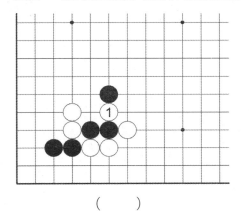

( )

题目8 请判断白棋打吃的方向是否正确

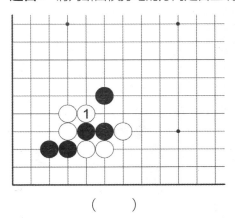

( )

题目9 请判断白棋打吃的方向是否正确

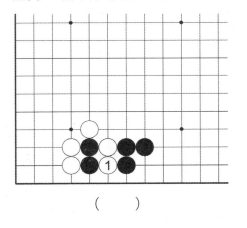

( )

题目10 请判断白棋打吃的方向是否正确

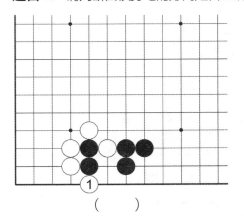

( )

扫一扫
答案立现

≫

题目1～10 答案

题目11　请判断白棋打吃的方向是否正确

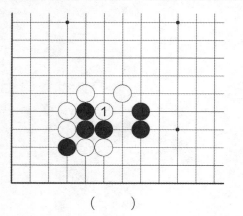

（　　　　）

题目12　请判断白棋打吃的方向是否正确

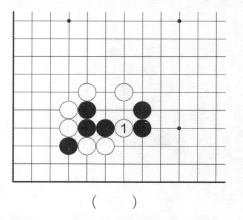

（　　　　）

题目13　请判断白棋打吃的方向是否正确

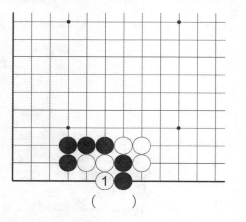

（　　　　）

题目14　请判断白棋打吃的方向是否正确

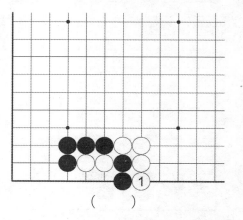

（　　　　）

题目15　请判断白棋打吃的方向是否正确

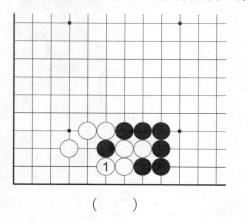

（　　　　）

题目16　请判断白棋打吃的方向是否正确

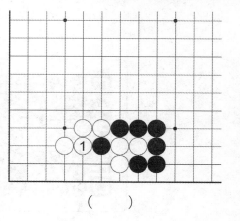

（　　　　）

题目17 请判断白棋打吃的方向是否正确

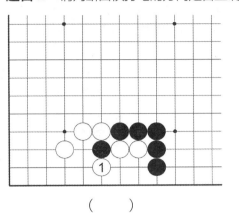

（　　）

题目18 请判断白棋打吃的方向是否正确

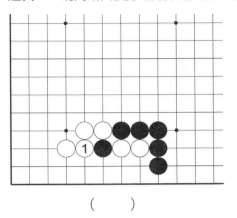

（　　）

题目19 请判断白棋打吃的方向是否正确

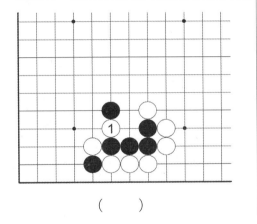

（　　）

题目20 请判断白棋打吃的方向是否正确

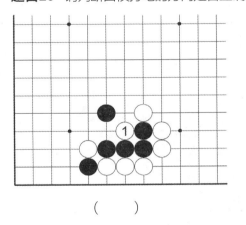

（　　）

扫一扫
答案立现

题目11～20 答案

题目21 请判断白棋打吃的方向是否正确

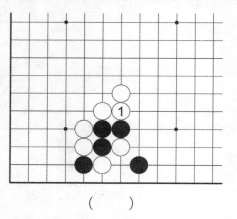

（　　）

题目22 请判断白棋打吃的方向是否正确

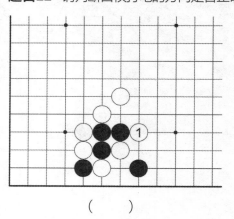

（　　）

题目23 请判断白棋打吃的方向是否正确

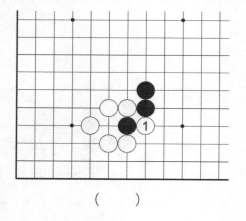

（　　）

题目24 请判断白棋打吃的方向是否正确

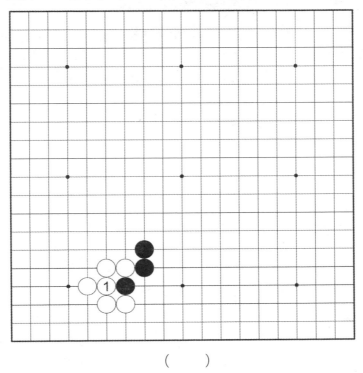

(   )

扫一扫
答案立现

题目21~24 答案

二、虎口

虎口：已方一颗棋子下到对方的包围圈中只有一口气，这个交叉点称为虎口。

1. 请用△标出黑棋的虎口

题目1 请用△标出黑棋的虎口

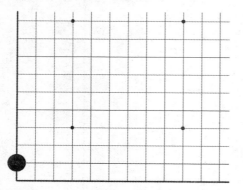

题目2 请用△标出黑棋的虎口

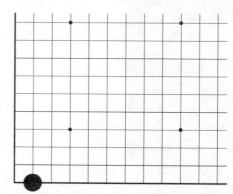

题目3 请用△标出黑棋的虎口

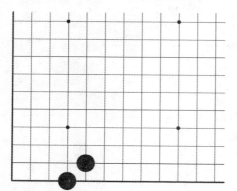

题目4 请用△标出黑棋的虎口

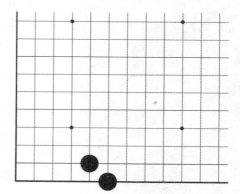

题目5 请用△标出黑棋的虎口

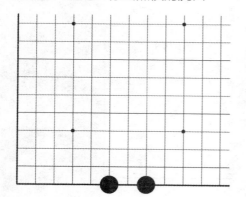

题目6 请用△标出黑棋的虎口

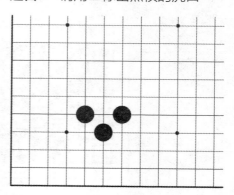

题目7 请用△标出黑棋的虎口

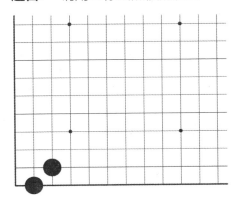

题目8 请用△标出黑棋的虎口

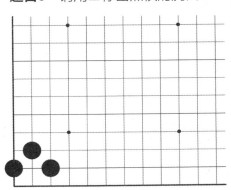

题目9 请用△标出黑棋的虎口

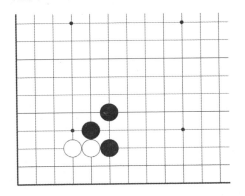

题目10 请用△标出黑棋的虎口

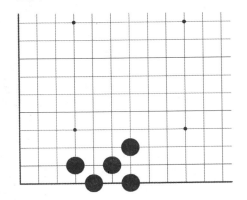

扫一扫
答案立现

题目1~10 答案

题目11　请用△标出黑棋的虎口

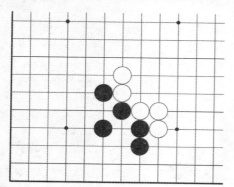

题目12　请用△标出黑棋的虎口

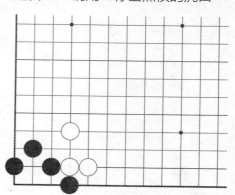

扫一扫
答案立现

题目11和12　答案

2. 请用△标出白棋的虎口

题目1 请用△标出白棋的虎口

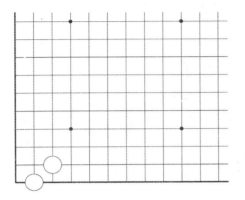

题目2 请用△标出白棋的虎口

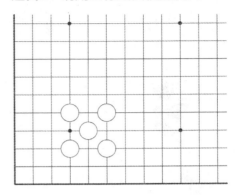

题目3 请用△标出白棋的虎口

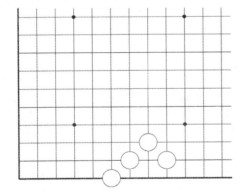

题目4 请用△标出白棋的虎口

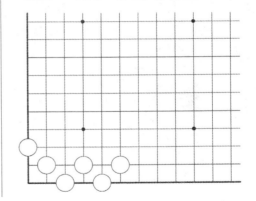

扫一扫
答案立现

题目1～4 答案

题目5 请用△标出白棋的虎口

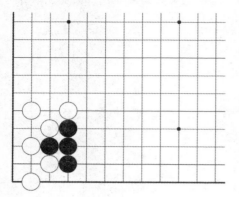

题目6 请用△标出白棋的虎口

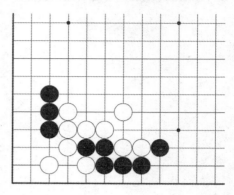

题目7 请用△标出白棋的虎口

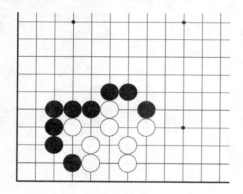

题目8 请用△标出白棋的虎口

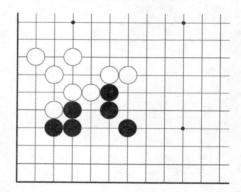

题目9 请用△标出白棋的虎口

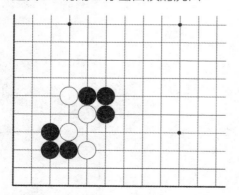

题目10 请用△标出白棋的虎口

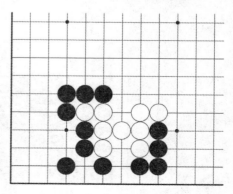

题目11 请用△标出白棋的虎口

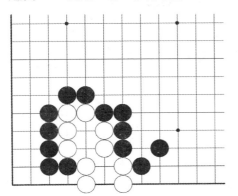

题目12 请用△标出白棋的虎口

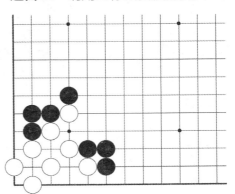

扫一扫
答案立现

题目5~12 答案

提子
扫码看讲解

三、提子

提子：一方棋子的气被对方棋子占领，该棋子呈无气状态，无气棋子必须从棋盘上拿走，这个过程称为提子。上下左右，团团围住，围棋规则，气尽提子。

1. 请提白△子（黑先）

题目1 请提白△子（黑先）

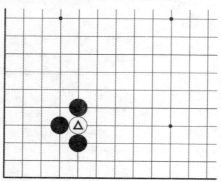

题目2 请提白△子（黑先）

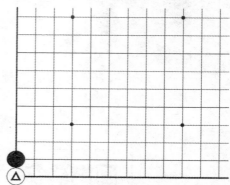

题目3 请提白△子（黑先）

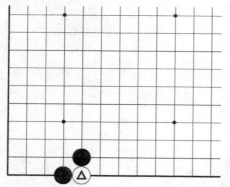

题目4 请提白△子（黑先）

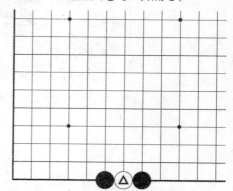

题目5 请提白△子（黑先）

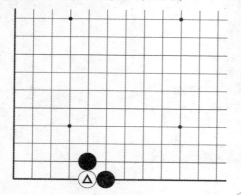

题目6 请提白△子（黑先）

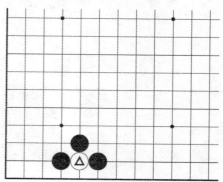

题目7 请提白△子（黑先）

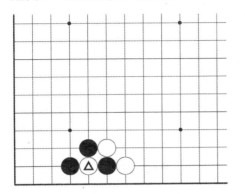

题目8 请提白△子（黑先）

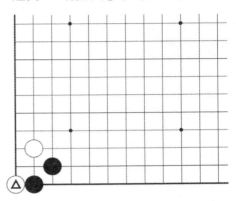

题目9 请提白△子（黑先）

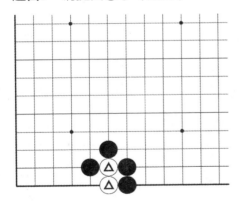

题目10 请提白△子（黑先）

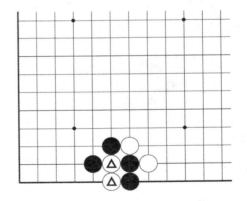

扫一扫
答案立现

题目1～10 答案

题目11 请提白⊛子（黑先）

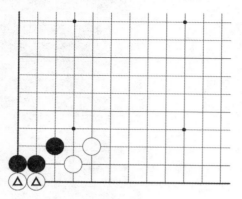

题目12 请提白⊛子（黑先）

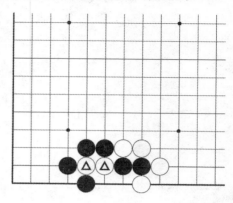

题目13 请提白⊛子（黑先）

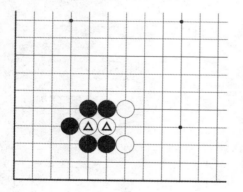

题目14 请提白⊛子（黑先）

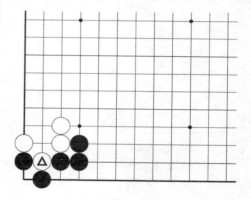

题目15 请提白⊛子（黑先）

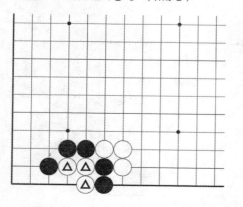

题目16 请提白⊛子（黑先）

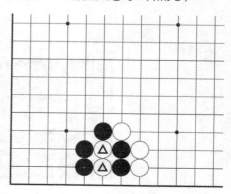

题目17 请提白△子（黑先）

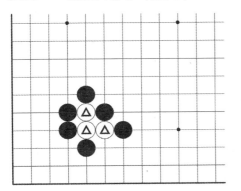

题目18 请提白△子（黑先）

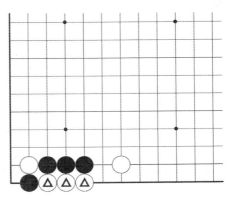

题目19 请提白△子（黑先）

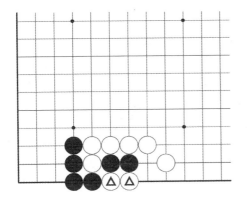

题目20 请提白△子（黑先）

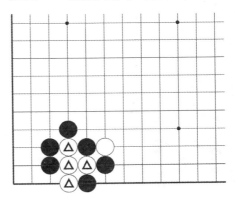

扫一扫
答案立现

题目11～20 答案

题目21　请提白△子（黑先）

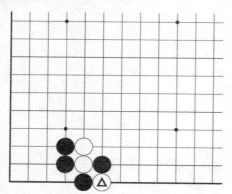

题目22　请提白△子（黑先）

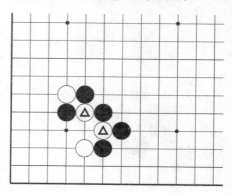

题目23　请提白△子（黑先）

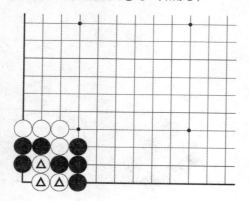

题目24　请提白△子（黑先）

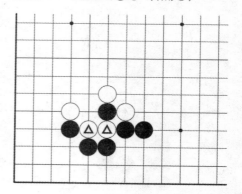

题目25　请提白△子（黑先）

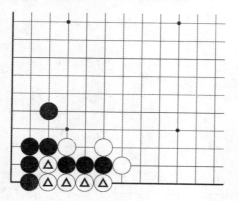

题目26　请提白△子（黑先）

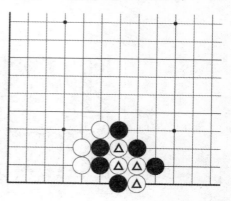

题目27 请提白△子（黑先）

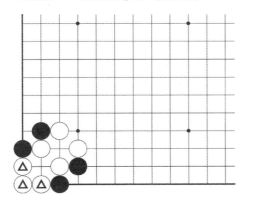

题目28 请提白△子（黑先）

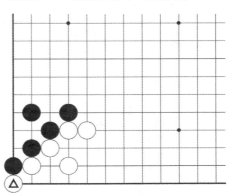

题目29 请提白△子（黑先）

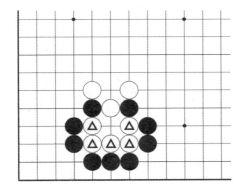

题目30 请提白△子（黑先）

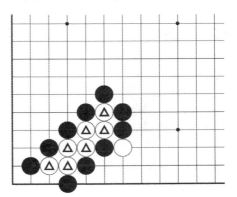

扫一扫
答案立现

题目21～30 答案

题目31 请提白△子（黑先）

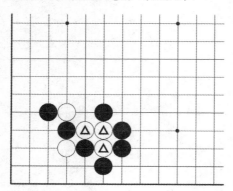

题目32 请提白△子（黑先）

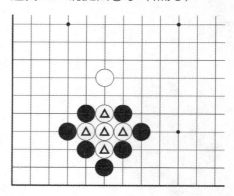

题目33 请提白△子（黑先）

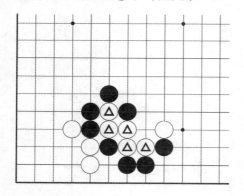

题目34 请提白△子（黑先）

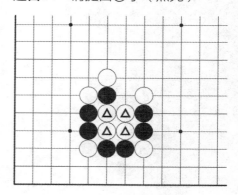

题目35 请提白△子（黑先）

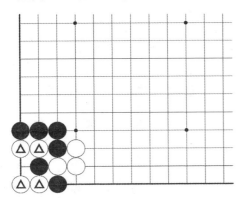

题目36 请提白△子（黑先）

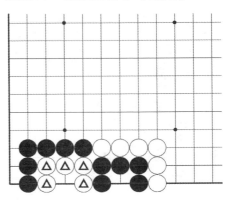

扫一扫
答案立现

题目31～36 答案

2. 十三路棋盘请提白△子（黑先）

题目1 十三路棋盘请提白△子
（黑先）

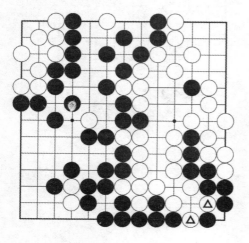

题目2 十三路棋盘请提白△子
（黑先）

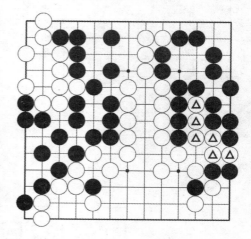

题目3 十三路棋盘请提白△子
（黑先）

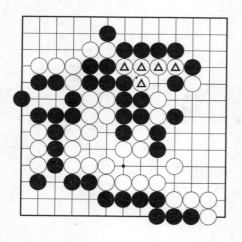

题目4 十三路棋盘请提白△子
（黑先）

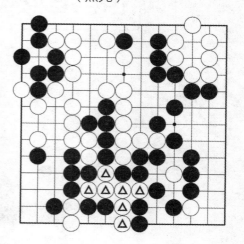

题目5 十三路棋盘请提白△子
（黑先）

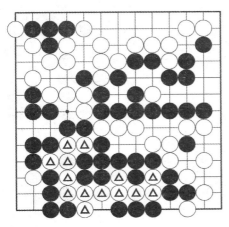

题目6 十三路棋盘请提白△子
（黑先）

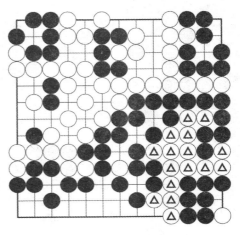

题目7 十三路棋盘请提白△子
（黑先）

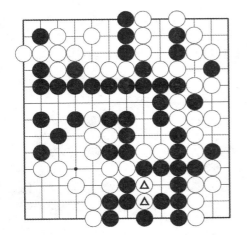

题目8 十三路棋盘请提白△子
（黑先）

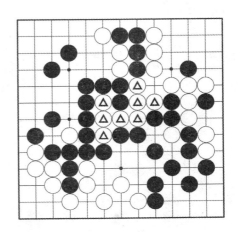

扫一扫
答案立现

题目1~8 答案

题目9 十三路棋盘请提白△子
（黑先）

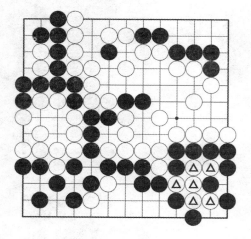

题目10 十三路棋盘请提白△子
（黑先）

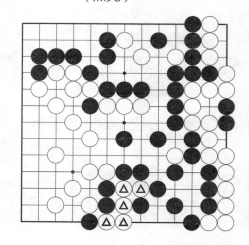

题目11 十三路棋盘请提白△子
（黑先）

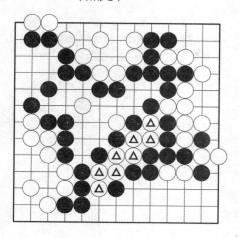

题目12 十三路棋盘请提白△子
（黑先）

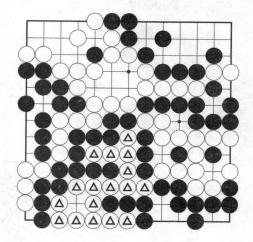

题目13 十三路棋盘请提白⊘子
（黑先）

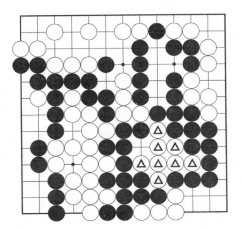

题目14 十三路棋盘请提白⊘子
（黑先）

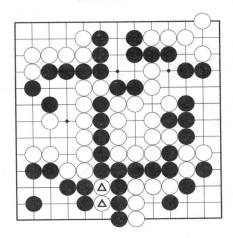

题目15 十三路棋盘请提白⊘子
（黑先）

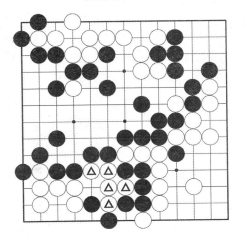

题目16 十三路棋盘请提白⊘子
（黑先）

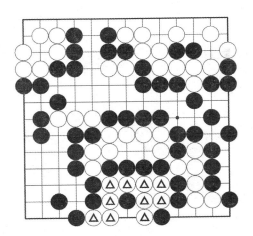

扫一扫
答案立现

题目9～16 答案

题目17 十三路棋盘请提白⚠子
（黑先）

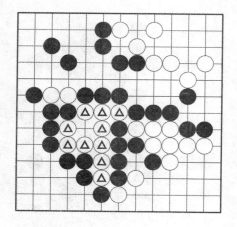

题目18 十三路棋盘请提白⚠子
（黑先）

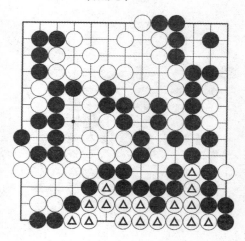

题目19 十三路棋盘请提白⚠子
（黑先）

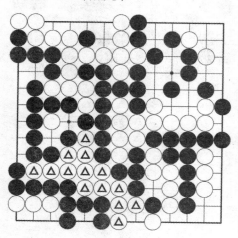

题目20 十三路棋盘请提白⚠子
（黑先）

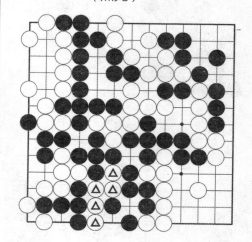

题目21 十三路棋盘请提白△子
（黑先）

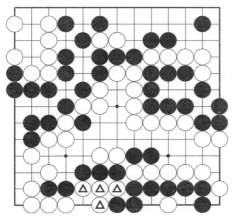

题目22 十三路棋盘请提白△子
（黑先）

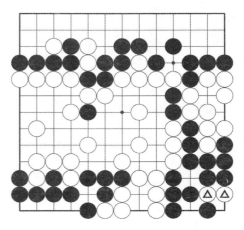

题目23 十三路棋盘请提白△子
（黑先）

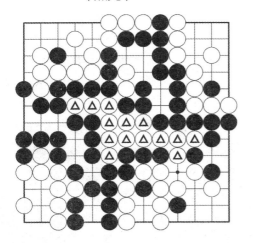

题目24 十三路棋盘请提白△子
（黑先）

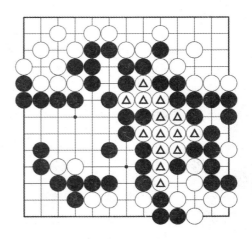

扫一扫
答案立现

题目17～24 答案

题目25 十三路棋盘请提白⊛子
（黑先）

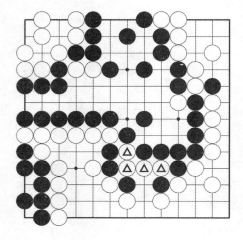

题目26 十三路棋盘请提白⊛子
（黑先）

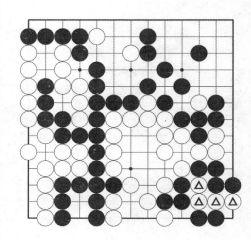

题目27 十三路棋盘请提白⊛子
（黑先）

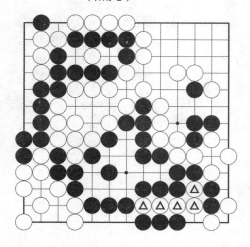

题目28 十三路棋盘请提白⊛子
（黑先）

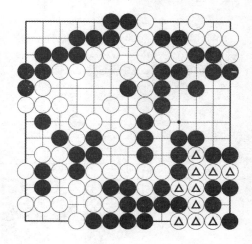

题目29 十三路棋盘请提白⚪子
（黑先）

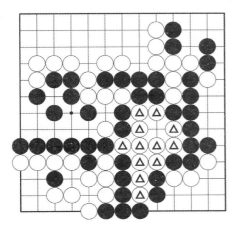

题目30 十三路棋盘请提白⚪子
（黑先）

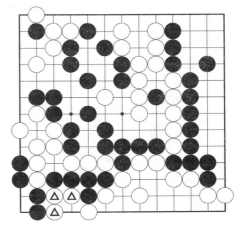

题目31 十三路棋盘请提白⚪子
（黑先）

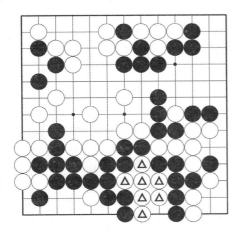

题目32 十三路棋盘请提白⚪子
（黑先）

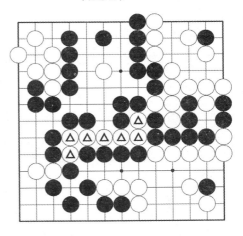

扫一扫
答案立现

题目25～32 答案

题目33　十三路棋盘请提白△子
（黑先）

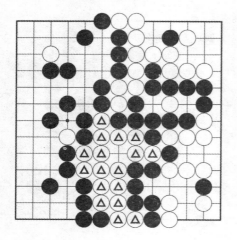

题目34　十三路棋盘请提白△子
（黑先）

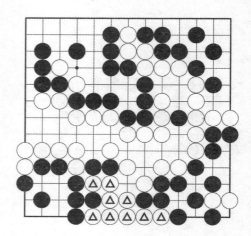

题目35　十三路棋盘请提白△子
（黑先）

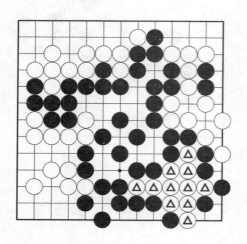

题目36　十三路棋盘请提白△子
（黑先）

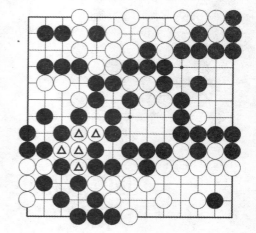

题目37 十三路棋盘请提白⊛子
（黑先）

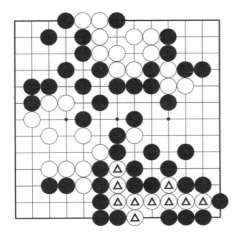

题目38 十三路棋盘请提白⊛子
（黑先）

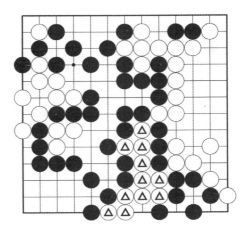

题目39 十三路棋盘请提白⊛子
（黑先）

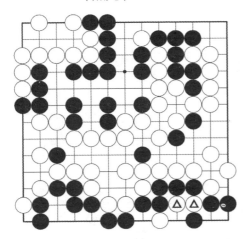

题目40 十三路棋盘请提白⊛子
（黑先）

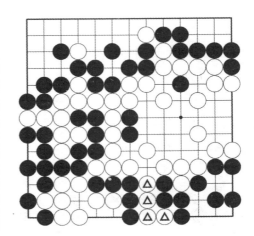

扫一扫
答案立现

题目33～40 答案

题目41　十三路棋盘请提白△子
（黑先）

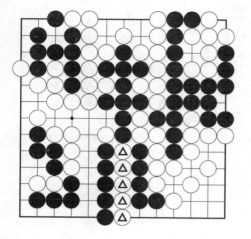

题目42　十三路棋盘请提白△子
（黑先）

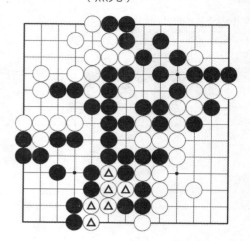

题目43　十三路棋盘请提白△子
（黑先）

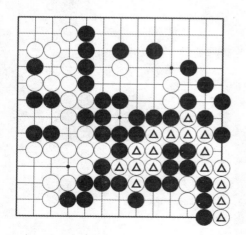

题目44　十三路棋盘请提白△子
（黑先）

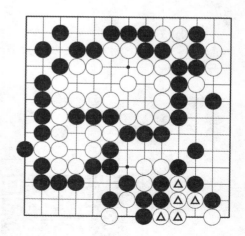

题目45 十三路棋盘请提白⊛子
（黑先）

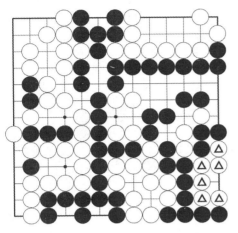

题目46 十三路棋盘请提白⊛子
（黑先）

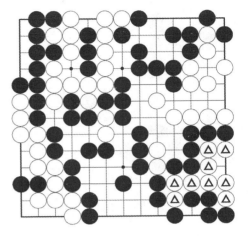

题目47 十三路棋盘请提白⊛子
（黑先）

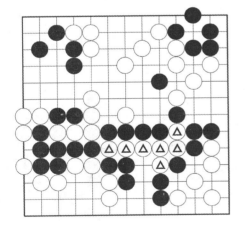

题目48 十三路棋盘请提白⊛子
（黑先）

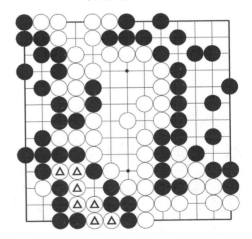

扫一扫
答案立现

题目41～48 答案

题目49　十三路棋盘请提白⊘子
　　　　（黑先）

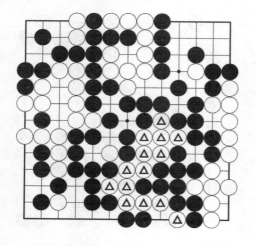

题目50　十三路棋盘请提白⊘子
　　　　（黑先）

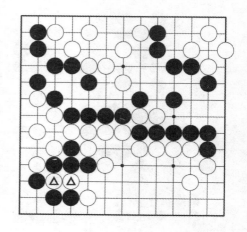

题目51　十三路棋盘请提白⊘子
　　　　（黑先）

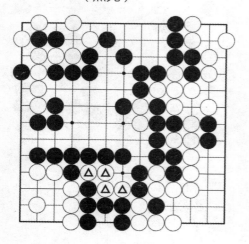

题目52　十三路棋盘请提白⊘子
　　　　（黑先）

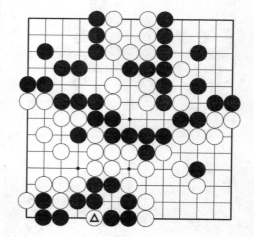

题目53 十三路棋盘请提白△子
（黑先）

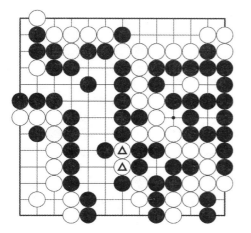

题目54 十三路棋盘请提白△子
（黑先）

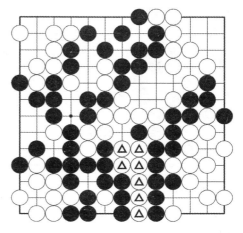

题目55 十三路棋盘请提白△子
（黑先）

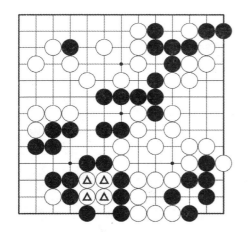

题目56 十三路棋盘请提白△子
（黑先）

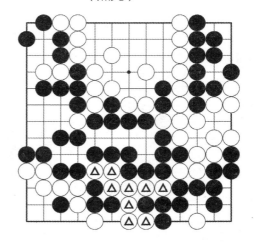

扫一扫
答案立现

题目49～56 答案

题目57　十三路棋盘请提白△子
　　　　　（黑先）

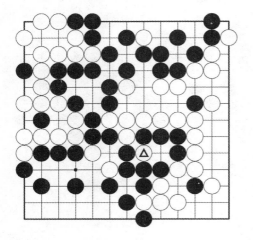

题目58　十三路棋盘请提白△子
　　　　　（黑先）

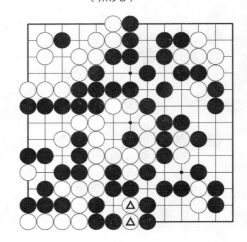

题目59　十三路棋盘请提白△子
　　　　　（黑先）

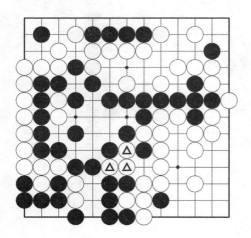

题目60　十三路棋盘请提白△子
　　　　　（黑先）

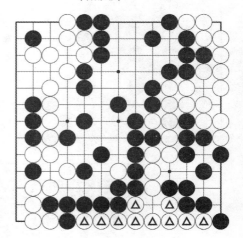

题目61 十三路棋盘请提白⊘子
（黑先）

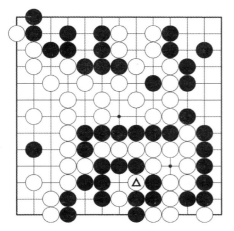

题目62 十三路棋盘请提白⊘子
（黑先）

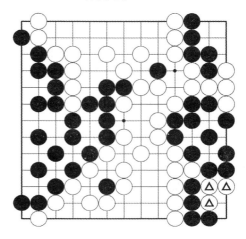

题目63 十三路棋盘请提白⊘子
（黑先）

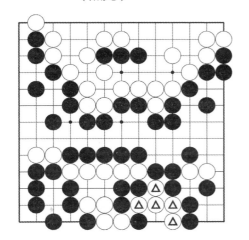

题目64 十三路棋盘请提白⊘子
（黑先）

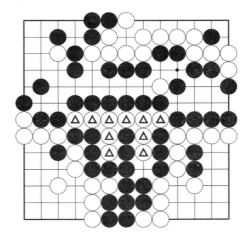

扫一扫
答案立现

题目57～64 答案

题目65 十三路棋盘请提白△子
（黑先）

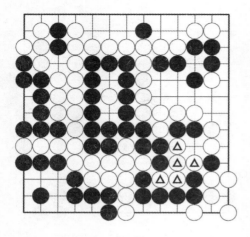

题目66 十三路棋盘请提白△子
（黑先）

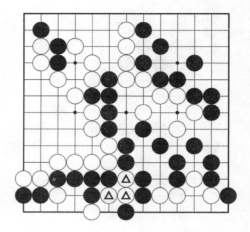

题目67 十三路棋盘请提白△子
（黑先）

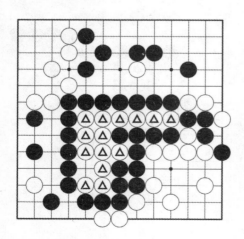

题目68 十三路棋盘请提白△子
（黑先）

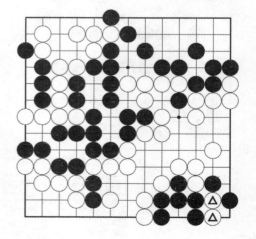

题目69 十三路棋盘请提白△子
（黑先）

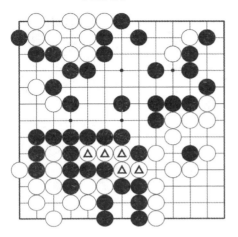

题目70 十三路棋盘请提白△子
（黑先）

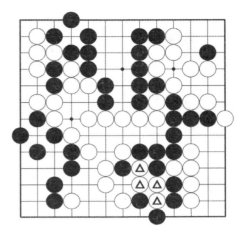

题目71 十三路棋盘请提白△子
（黑先）

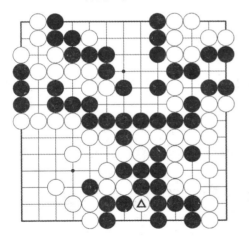

题目72 十三路棋盘请提白△子
（黑先）

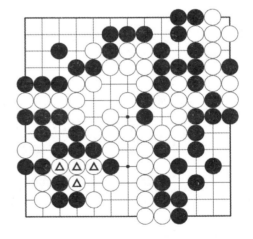

扫一扫
答案立现

题目65～72 答案

题目73 十三路棋盘请提白⊘子
　　　　（黑先）

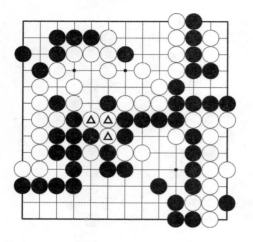

题目74 十三路棋盘请提白⊘子
　　　　（黑先）

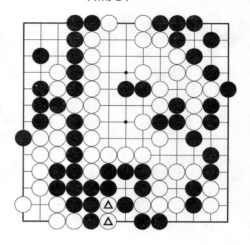

题目75 十三路棋盘请提白⊘子
　　　　（黑先）

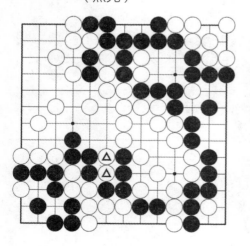

题目76 十三路棋盘请提白⊘子
　　　　（黑先）

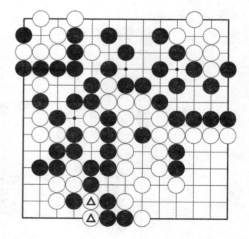

题目77 十三路棋盘请提白⊖子
（黑先）

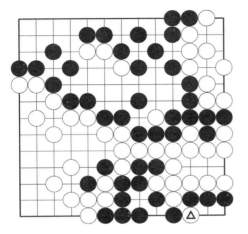

题目78 十三路棋盘请提白⊖子
（黑先）

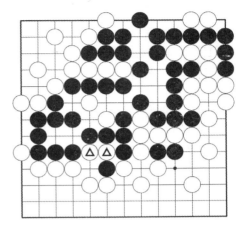

题目79 十三路棋盘请提白⊖子
（黑先）

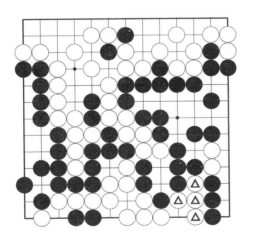

题目80 十三路棋盘请提白⊖子
（黑先）

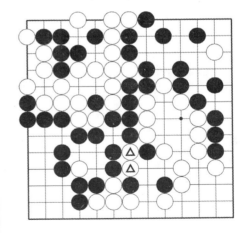

扫一扫
答案立现

题目73～80 答案

四、逃子

逃子
扫码看讲解

逃子：棋子被打吃时，用长气的方法使其脱离危险，称为逃子。

1. 请逃出白△子（白先）

题目1 请逃出白△子（白先）

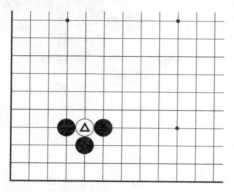

题目2 请逃出白△子（白先）

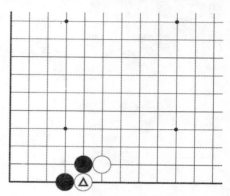

题目3 请逃出白△子（白先）

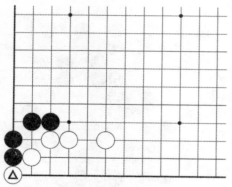

题目4 请逃出白△子（白先）

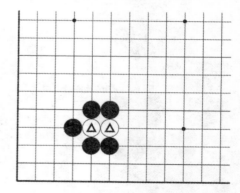

题目5 请逃出白△子（白先）

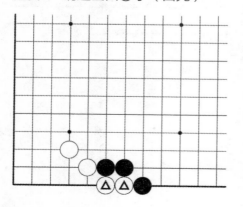

题目6 请逃出白△子（白先）

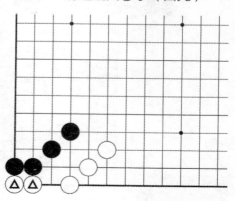

题目7 请逃出白△子（白先）

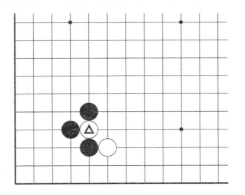

题目8 请逃出白△子（白先）

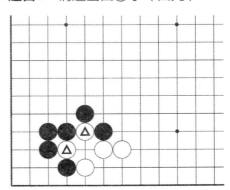

题目9 请逃出白△子（白先）

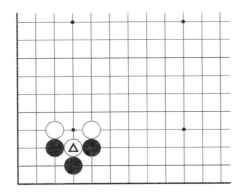

题目10 请逃出白△子（白先）

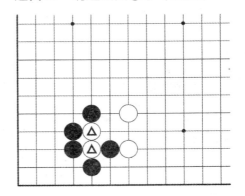

扫一扫
答案立现

题目1～10 答案

题目11 请逃出白△子（白先）

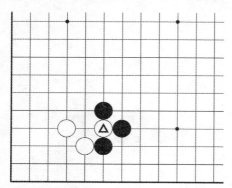

题目12 请逃出白△子（白先）

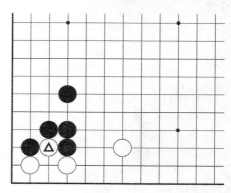

题目13 请逃出白△子（白先）

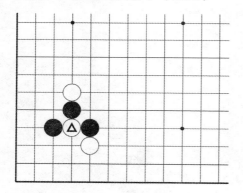

题目14 请逃出白△子（白先）

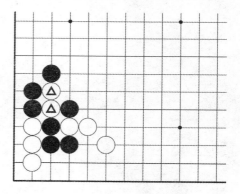

题目15 请逃出白△子（白先）

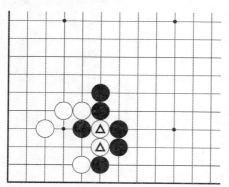

题目16 请逃出白△子（白先）

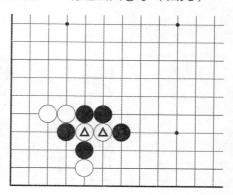

题目17 请逃出白△子（白先）

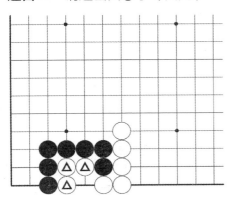

题目18 请逃出白△子（白先）

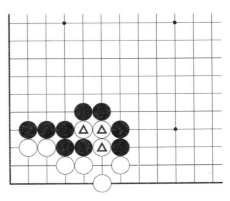

题目19 请逃出白△子（白先）

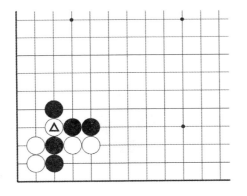

题目20 请逃出白△子（白先）

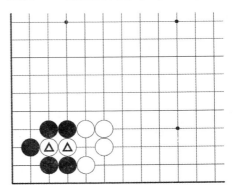

扫一扫
答案立现

题目11～20 答案

题目21　请逃出白△子（白先）

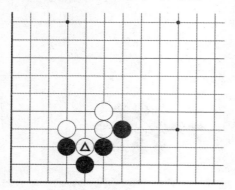

题目22　请逃出白△子（白先）

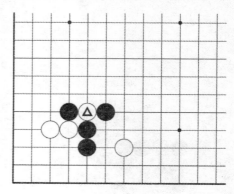

题目23　请逃出白△子（白先）

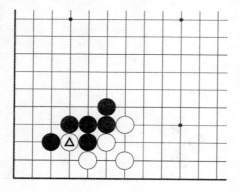

题目24　请逃出白△子（白先）

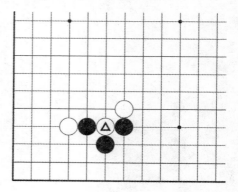

题目25　请逃出白△子（白先）

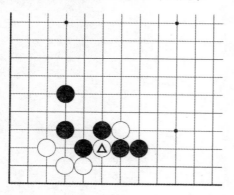

题目26　请逃出白△子（白先）

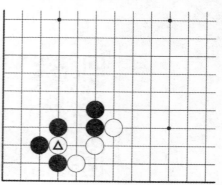

题目27 请逃出白△子（白先）

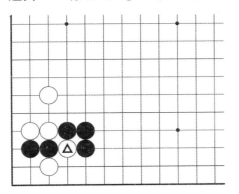

题目28 请逃出白△子（白先）

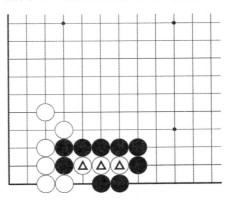

题目29 请逃出白△子（白先）

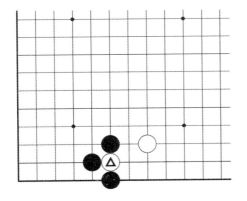

题目30 请逃出白△子（白先）

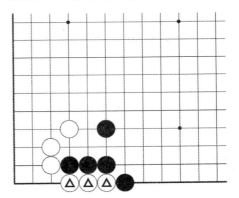

扫一扫
答案立现

题目21～30 答案

题目31　请逃出白△子（白先）

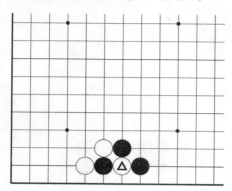

题目32　请逃出白△子（白先）

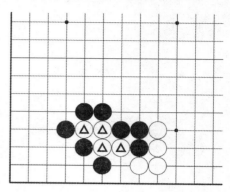

题目33　请逃出白△子（白先）

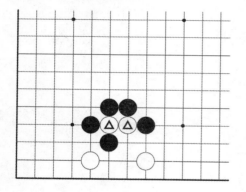

题目34　请逃出白△子（白先）

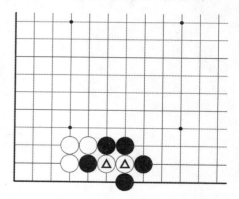

题目35 请逃出白△子（白先）

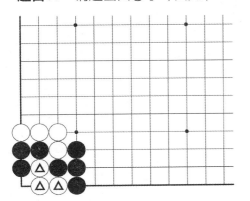

题目36 请逃出白△子（白先）

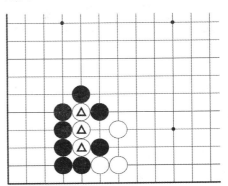

扫一扫
答案立现

题目31~36 答案

2. 请判断白△子能否逃出（能逃出打√，不能逃出打×）

题目1　请判断白子能否逃出

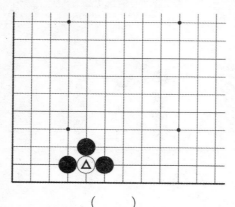

（　　）

题目2　请判断白子能否逃出

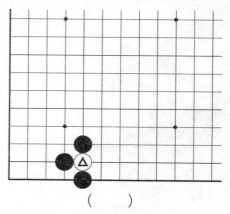

（　　）

题目3　请判断白子能否逃出

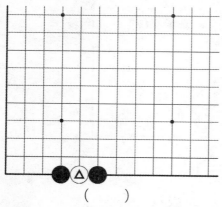

（　　）

题目4　请判断白子能否逃出

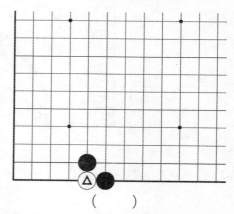

（　　）

题目5　请判断白子能否逃出

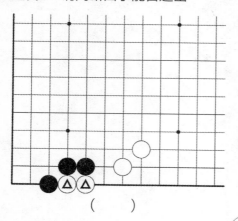

（　　）

题目6　请判断白子能否逃出

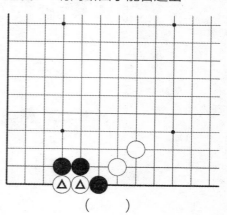

（　　）

题目7 请判断白子能否逃出

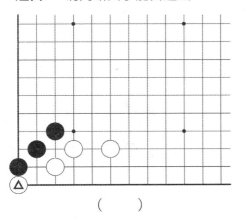

（　　　）

题目8 请判断白子能否逃出

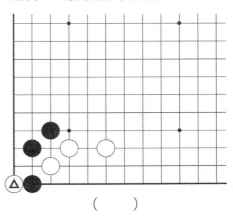

（　　　）

题目9 请判断白子能否逃出

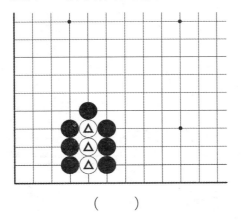

（　　　）

题目10 请判断白子能否逃出

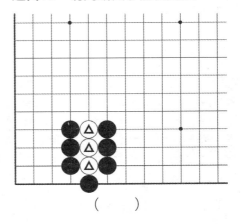

（　　　）

扫一扫
答案立现

题目1～10 答案

题目11 请判断白子能否逃出

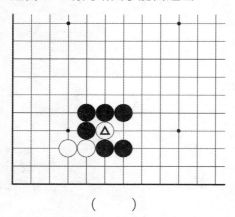

（　　）

题目12 请判断白子能否逃出

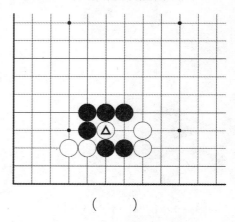

（　　）

题目13 请判断白子能否逃出

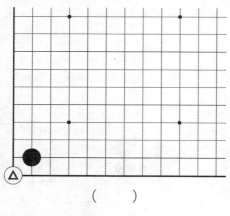

（　　）

题目14 请判断白子能否逃出

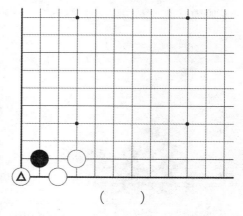

（　　）

题目15 请判断白子能否逃出

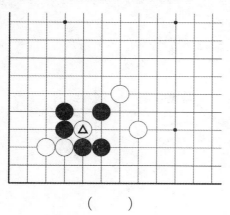

（　　）

题目16 请判断白子能否逃出

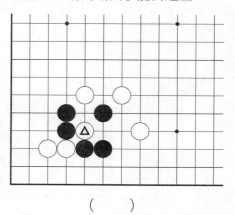

（　　）

题目17 请判断白子能否逃出

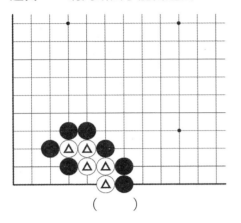

( )

题目18 请判断白子能否逃出

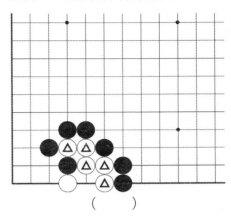

( )

题目19 请判断白子能否逃出

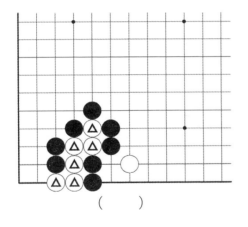

( )

题目20 请判断白子能否逃出

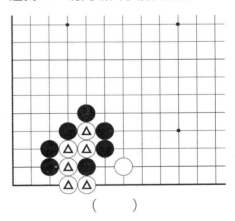

( )

扫一扫
答案立现

题目11～20 答案

题目21 请判断白子能否逃出

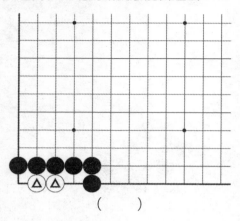

（　　　）

题目22 请判断白子能否逃出

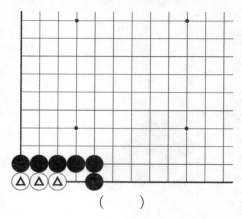

（　　　）

题目23 请判断白子能否逃出

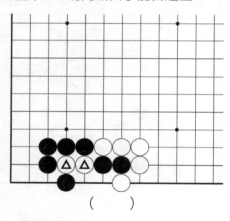

（　　　）

题目24 请判断白子能否逃出

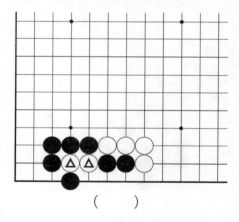

（　　　）

题目25 请判断白子能否逃出

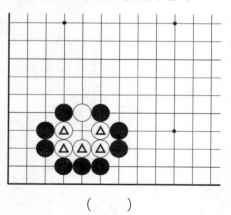

（　　　）

题目26 请判断白子能否逃出

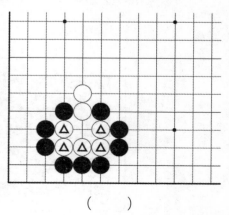

（　　　）

题目27 请判断白子能否逃出

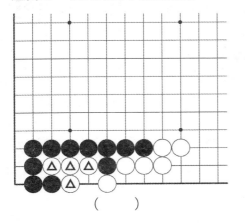

( )

题目28 请判断白子能否逃出

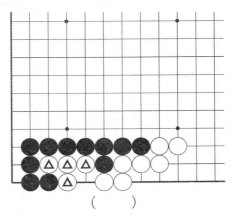

( )

题目29 请判断白子能否逃出

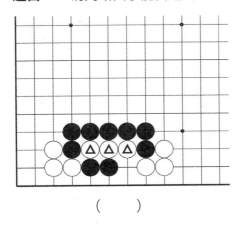

( )

题目30 请判断白子能否逃出

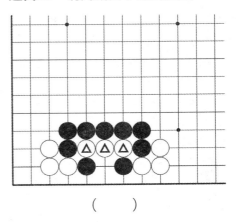

( )

扫一扫
答案立现

题目21～30 答案

五、禁着点

禁着点：一方在棋盘上下子后，没有气又不能提取对方的棋子，这个点就是该方的禁着点。

禁着点分两种：黑棋禁着点和白棋禁着点。

禁着点的特点是下子后没有气，不能提取对方的子。

《围棋竞赛规则》：棋子下在禁着点上，判着子无效，弃权一次。

1. 请用△标出黑棋的禁着点

题目1　请用△标出黑棋的禁着点

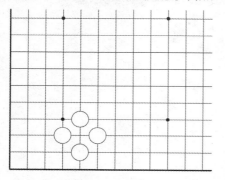

题目2　请用△标出黑棋的禁着点

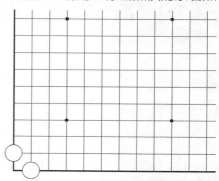

题目3　请用△标出黑棋的禁着点

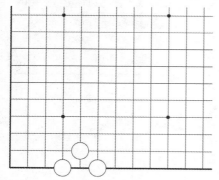

题目4　请用△标出黑棋的禁着点

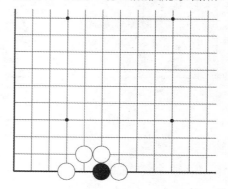

扫一扫
答案立现

题目1~10 答案

题目5 请用△标出黑棋的禁着点

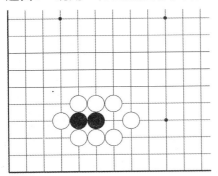

题目6 请用△标出黑棋的禁着点

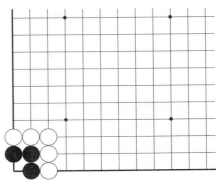

题目7 请用△标出黑棋的禁着点

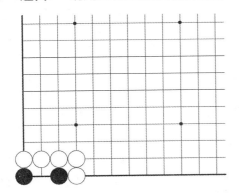

题目8 请用△标出黑棋的禁着点

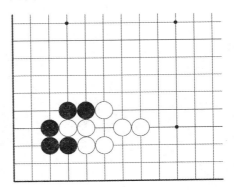

题目9 请用△标出黑棋的禁着点

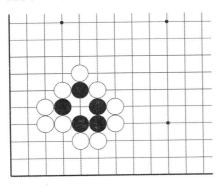

题目10 请用△标出黑棋的禁着点

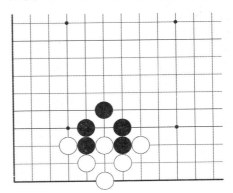

题目11 请用△标出黑棋的禁着点

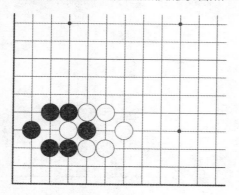

题目12 请用△标出黑棋的禁着点

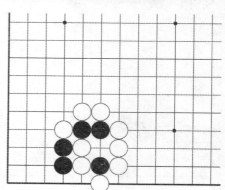

扫一扫
答案立现

题目11和12 答案

2. 请用△标出白棋的禁着点

题目1 请用△标出白棋的禁着点

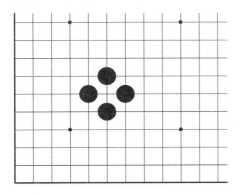

题目2 请用△标出白棋的禁着点

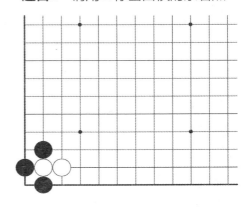

题目3 请用△标出白棋的禁着点

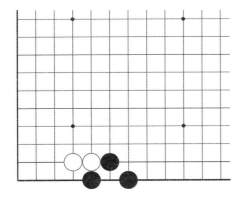

题目4 请用△标出白棋的禁着点

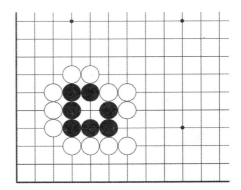

扫一扫
答案立现

题目1~4 答案

题目5　请用△标出白棋的禁着点

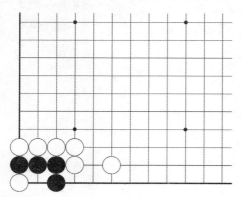

题目6　请用△标出白棋的禁着点

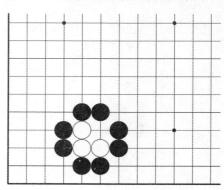

题目7　请用△标出白棋的禁着点

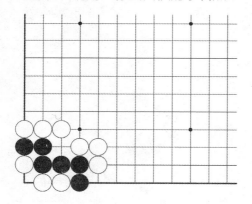

题目8　请用△标出白棋的禁着点

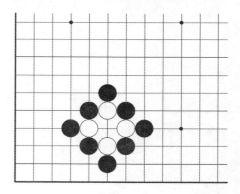

题目9　请用△标出白棋的禁着点

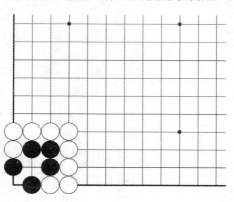

题目10　请用△标出白棋的禁着点

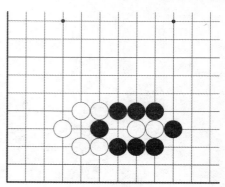

题目11 请用△标出白棋的禁着点

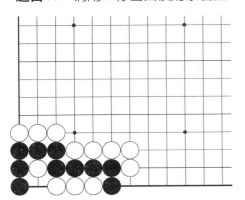

题目12 请用△标出白棋的禁着点

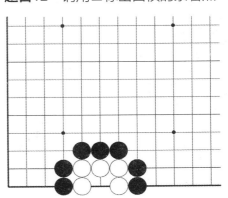

扫一扫
答案立现

题目5～12 答案

3. 请判断 △ 处是否为黑棋的禁着点（是打√，不是打×）

题目1　请判断△处是否为黑棋的禁着点

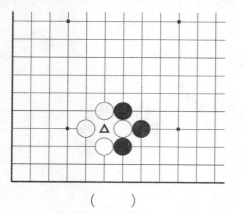

（　　）

题目2　请判断△处是否为黑棋的禁着点

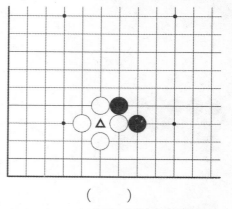

（　　）

题目3　请判断△处是否为黑棋的禁着点

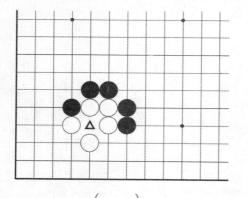

（　　）

题目4　请判断△处是否为黑棋的禁着点

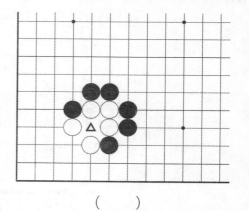

（　　）

题目5　请判断△处是否为黑棋的禁着点

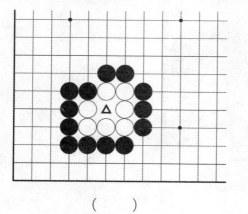

（　　）

题目6　请判断△处是否为黑棋的禁着点

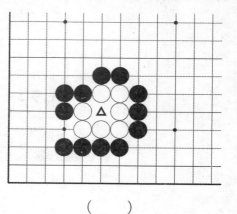

（　　）

题目7 请判断△处是否为黑棋的禁着点

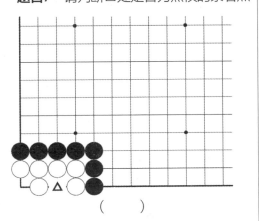

( )

题目8 请判断△处是否为黑棋的禁着点

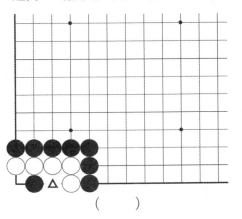

( )

题目9 请判断△处是否为黑棋的禁着点

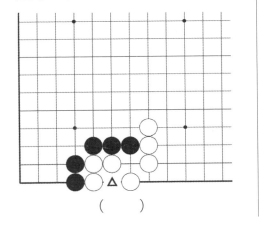

( )

题目10 请判断△处是否为黑棋的禁着点

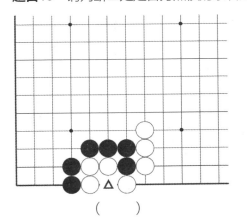

( )

扫一扫
答案立现

题目1~10 答案

题目11　请判断△处是否为黑棋的禁着点

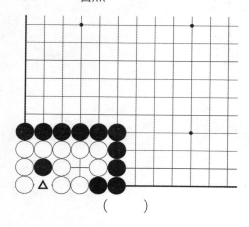

（　　）

题目12　请判断△处是否为黑棋的禁着点

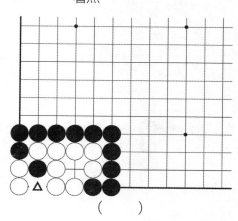

（　　）

扫一扫
答案立现

题目11和12　答案

六、劫

劫：黑、白双方在同一处各围住对方一子，若黑先提白方一子，按规定白方须于他处下一子，待黑方应一手后，方可提回。这种双方都必须间隔一步才能提子的着法称为劫。

劫
扫码看讲解

《围棋竞赛规则》：劫争马上回提，判回提者着手无效，弃权一次。

1. 做劫（黑先）

题目1 做劫（黑先）

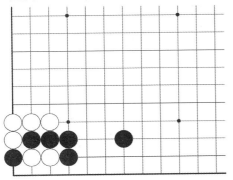

题目2 做劫（黑先）

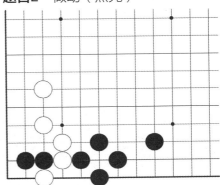

题目3 做劫（黑先）

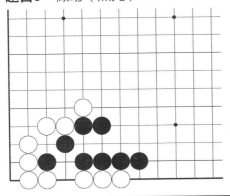

题目4 做劫（黑先）

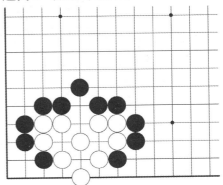

扫一扫
答案立现

题目1～4 答案

题目5　做劫（黑先）

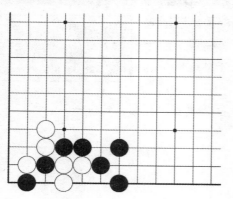

题目6　做劫（黑先）

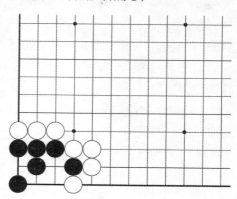

扫一扫
答案立现

题目5和6　答案

2. 提劫（黑先）

题目1 提劫（黑先）

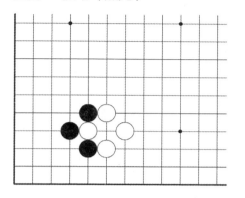

题目2 提劫（黑先）

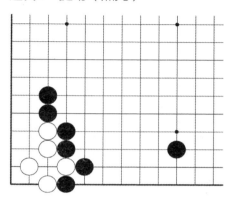

题目3 提劫（黑先）

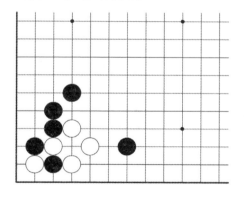

题目4 提劫（黑先）

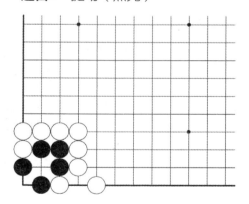

扫一扫
答案立现

题目1~4 答案

题目5 提劫（黑先）

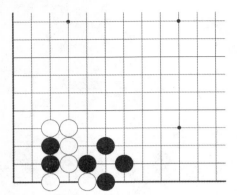

题目6 提劫（黑先）

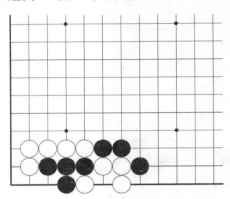

扫一扫
答案立现

题目5和6 答案

3. 消劫（黑先）

题目1 消劫（黑先）

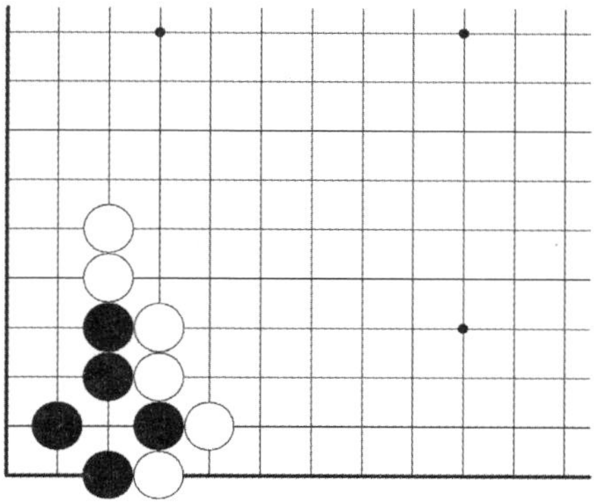

题目2 消劫（黑先）

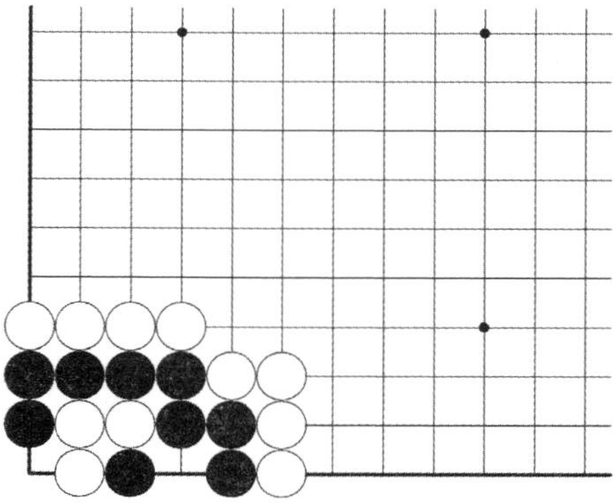

题目3 消劫（黑先）

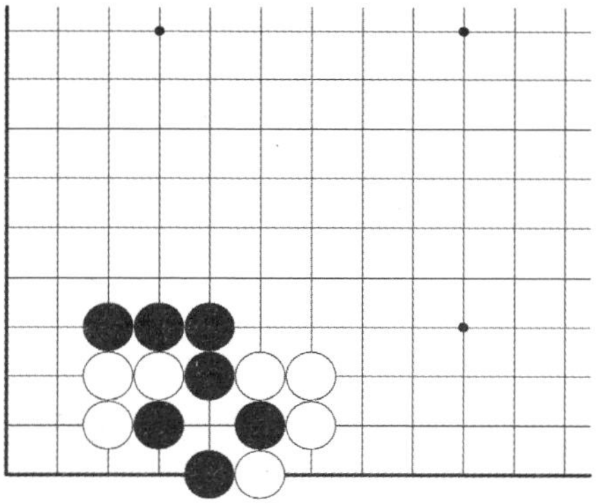

题目4 消劫（黑先）

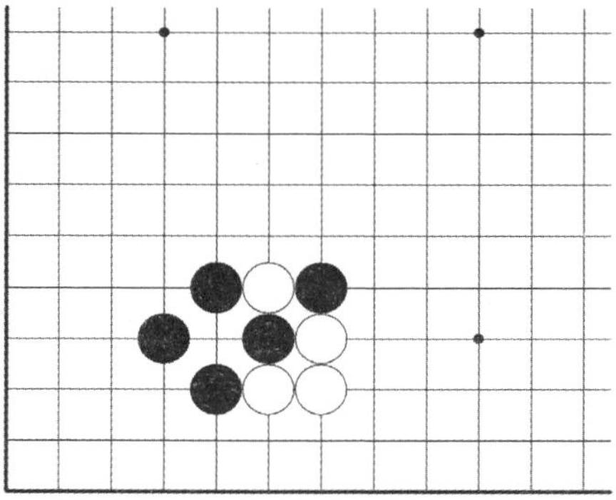

扫一扫
答案立现

题目1～4 答案

题目5 消劫（黑先）

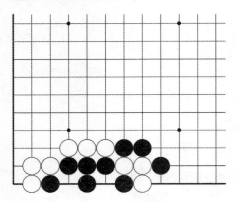

题目6 消劫（黑先）

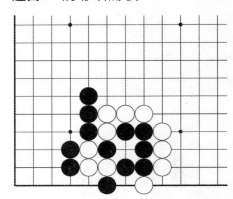

扫一扫
答案立现

题目5和6 答案

第三章

断和连接

一、请用"△"标出白棋的断点

断点：可以直接割断对方棋子连接的交叉点，称为断点。

题目1 请用"△"标出白棋的断点

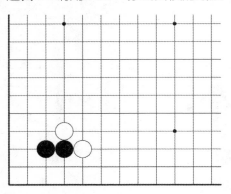

题目2 请用"△"标出白棋的断点

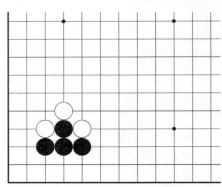

题目3 请用"△"标出白棋的断点

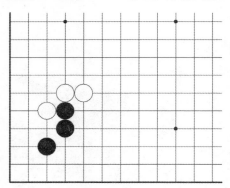

题目4 请用"△"标出白棋的断点

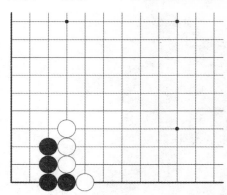

题目5 请用"△"标出白棋的断点

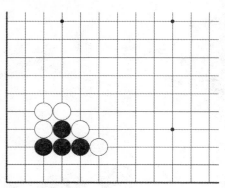

题目6 请用"△"标出白棋的断点

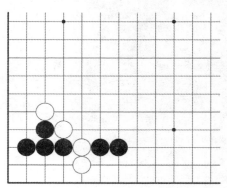

题目7 请用"△"标出白棋的断点

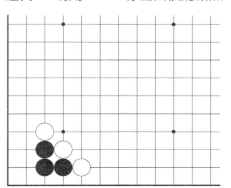

题目8 请用"△"标出白棋的断点

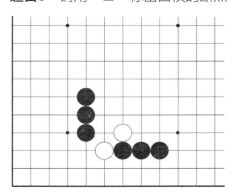

题目9 请用"△"标出白棋的断点

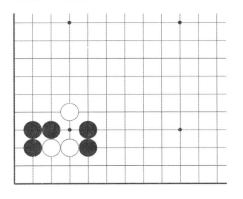

题目10 请用"△"标出白棋的断点

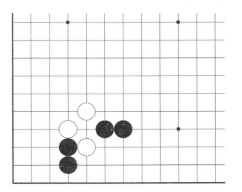

扫一扫
答案立现

题目1~10 答案

题目11 请用"△"标出白棋的断点

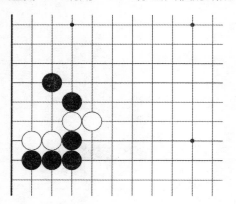

题目12 请用"△"标出白棋的断点

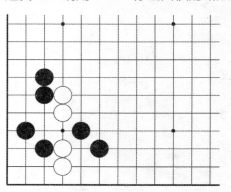

题目13 请用"△"标出白棋的断点

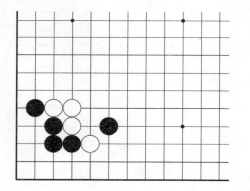

题目14 请用"△"标出白棋的断点

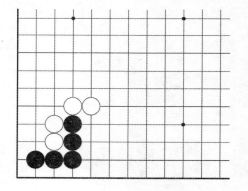

题目15 请用"△"标出白棋的断点

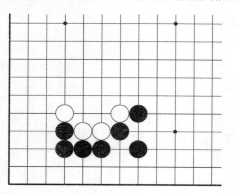

题目16 请用"△"标出白棋的断点

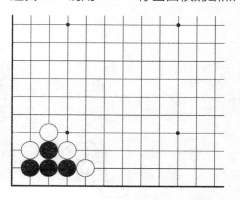

题目17 请用"△"标出白棋的断点

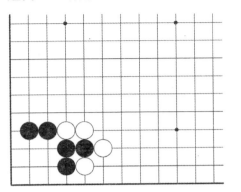

题目18 请用"△"标出白棋的断点

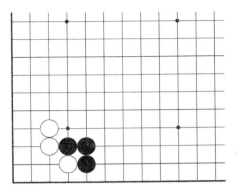

题目19 请用"△"标出白棋的断点

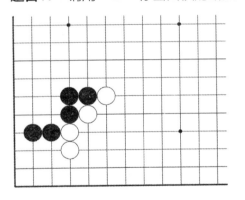

题目20 请用"△"标出白棋的断点

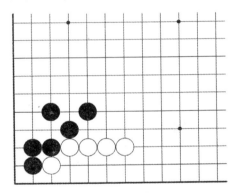

扫一扫
答案立现

题目11～20 答案

题目21 请用"△"标出白棋的断点

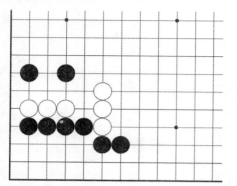

题目22 请用"△"标出白棋的断点

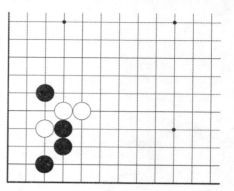

题目23 请用"△"标出白棋的断点

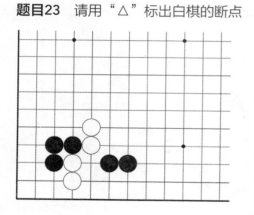

题目24 请用"△"标出白棋的断点

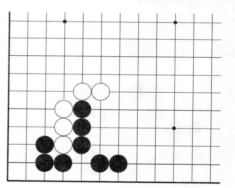

题目25 请用"△"标出白棋的断点

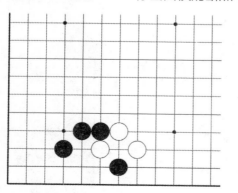

题目26 请用"△"标出白棋的断点

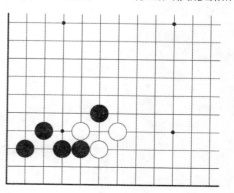

题目27 请用"△"标出白棋的断点

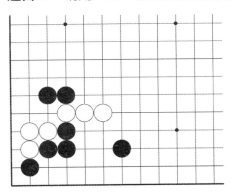

题目28 请用"△"标出白棋的断点

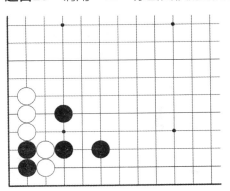

题目29 请用"△"标出白棋的断点

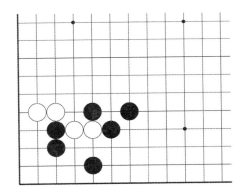

题目30 请用"△"标出白棋的断点

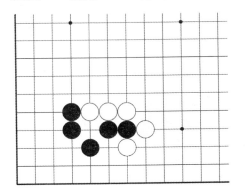

扫一扫
答案立现

题目21～30 答案

题目31 请用"△"标出白棋的断点

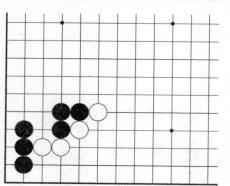

题目32 请用"△"标出白棋的断点

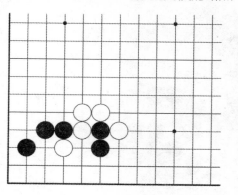

题目33 请用"△"标出白棋的断点

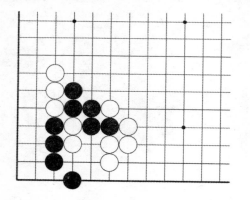

题目34 请用"△"标出白棋的断点

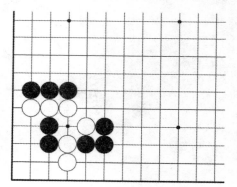

题目35 请用"△"标出白棋的断点

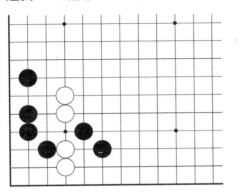

题目36 请用"△"标出白棋的断点

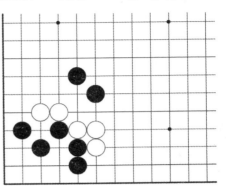

扫一扫
答案立现

题目31～36 答案

分断
扫码看讲解

二、分断白棋（黑先）请用"×"标出

分断：棋盘上某一方的棋子如果有断点，被对方在断点之处下子，使已方不能连成一块棋，叫分断，也叫断。断有助于消灭和攻击对方。

题目1　分断白棋（黑先）请用"×"标出

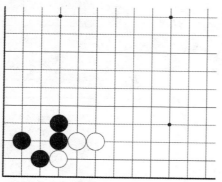

题目2　分断白棋（黑先）请用"×"标出

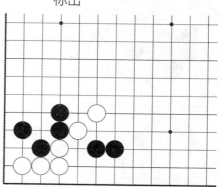

题目3　分断白棋（黑先）请用"×"标出

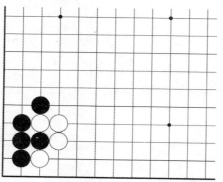

题目4　分断白棋（黑先）请用"×"标出

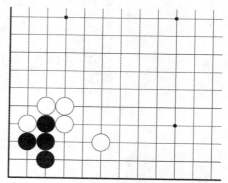

题目5　分断白棋（黑先）请用"×"标出

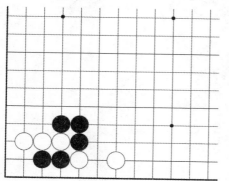

题目6　分断白棋（黑先）请用"×"标出

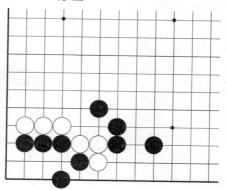

题目7 分断白棋（黑先）请用"×"标出

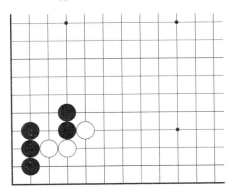

题目8 分断白棋（黑先）请用"×"标出

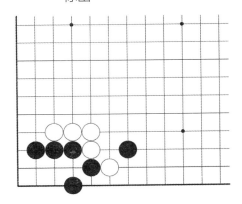

题目9 分断白棋（黑先）请用"×"标出

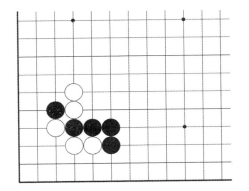

题目10 分断白棋（黑先）请用"×"标出

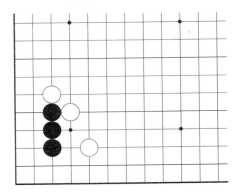

扫一扫
答案立现

题目1~10 答案

题目11 分断白棋（黑先）请用"×"标出

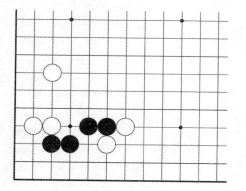

题目12 分断白棋（黑先）请用"×"标出

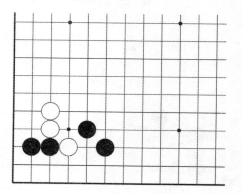

题目13 分断白棋（黑先）请用"×"标出

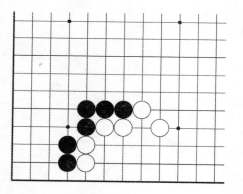

题目14 分断白棋（黑先）请用"×"标出

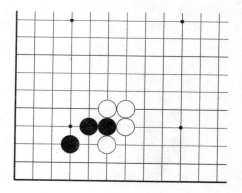

题目15 分断白棋（黑先）请用"×"标出

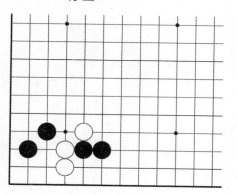

题目16 分断白棋（黑先）请用"×"标出

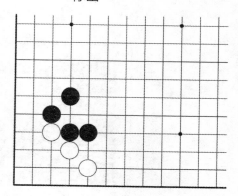

题目17 分断白棋（黑先）请用"×"标出

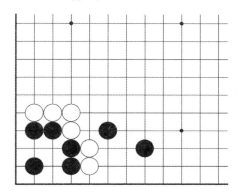

题目18 分断白棋（黑先）请用"×"标出

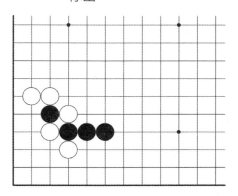

题目19 分断白棋（黑先）请用"×"标出

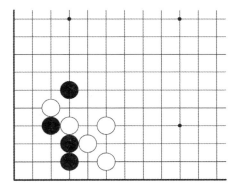

题目20 分断白棋（黑先）请用"×"标出

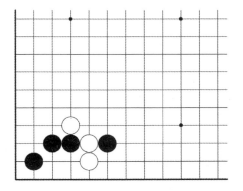

扫一扫
答案立现

题目11～20 答案

题目21　分断白棋（黑先）请用"×"标出

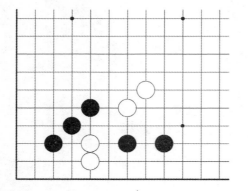

题目22　分断白棋（黑先）请用"×"标出

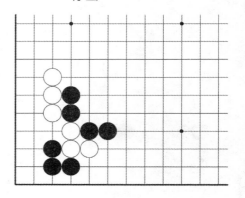

题目23　分断白棋（黑先）请用"×"标出

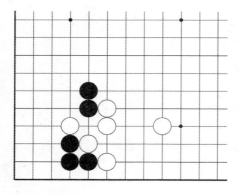

题目24　分断白棋（黑先）请用"×"标出

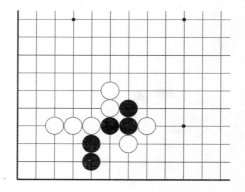

题目25　分断白棋（黑先）请用"×"标出

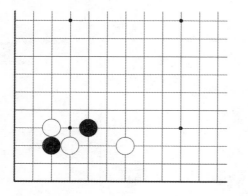

题目26　分断白棋（黑先）请用"×"标出

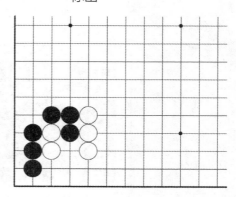

题目27 分断白棋（黑先）请用"×"标出

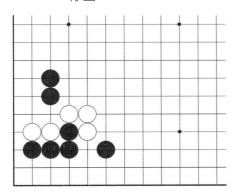

题目28 分断白棋（黑先）请用"×"标出

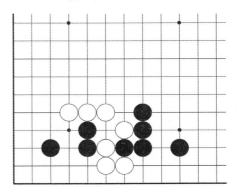

题目29 分断白棋（黑先）请用"×"标出

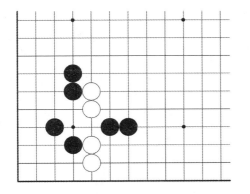

题目30 分断白棋（黑先）请用"×"标出

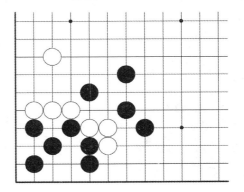

扫一扫
答案立现

题目21～30 答案

题目31 分断白棋（黑先）请用"×"标出

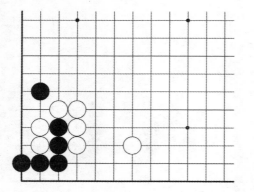

题目32 分断白棋（黑先）请用"×"标出

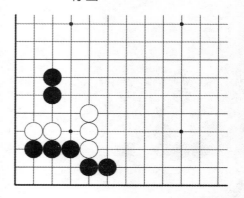

题目33 分断白棋（黑先）请用"×"标出

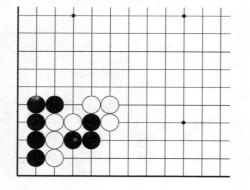

题目34 分断白棋（黑先）请用"×"标出

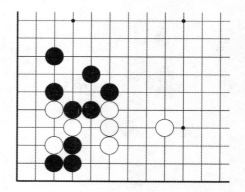

题目35 分断白棋（黑先）请用"×"标出

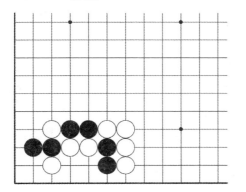

题目36 分断白棋（黑先）请用"×"标出

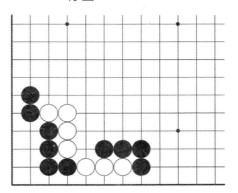

扫一扫
答案立现

题目31～36 答案

连接
扫码看讲解

三、连接黑棋（黑先）

连接：将能被对方切断的棋子相连，称为连接。连接能使弱棋变强，有利于棋子的生存。

题目1 连接黑棋（黑先）

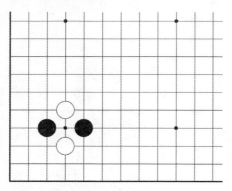

题目2 连接黑棋（黑先）

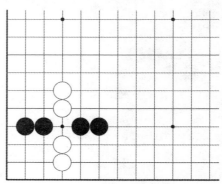

题目3 连接黑棋（黑先）

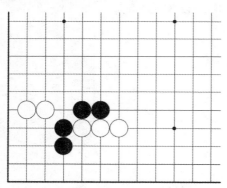

题目4 连接黑棋（黑先）

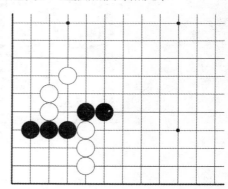

题目5 连接黑棋（黑先）

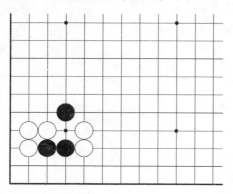

题目6 连接黑棋（黑先）

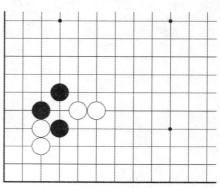

题目7 连接黑棋（黑先）

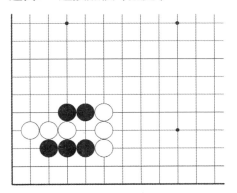

题目8 连接黑棋（黑先）

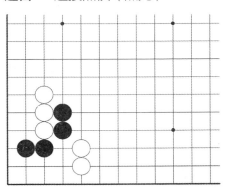

题目9 连接黑棋（黑先）

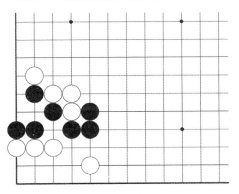

题目10 连接黑棋（黑先）

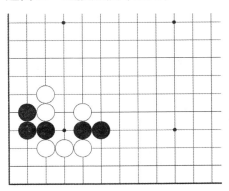

扫一扫
答案立现

题目1～10 答案

题目11 连接黑棋（黑先）

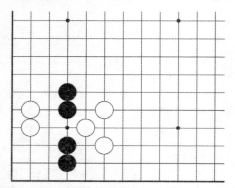

题目12 连接黑棋（黑先）

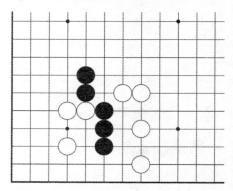

题目13 连接黑棋（黑先）

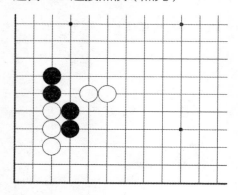

题目14 连接黑棋（黑先）

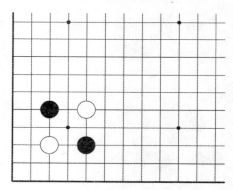

题目15 连接黑棋（黑先）

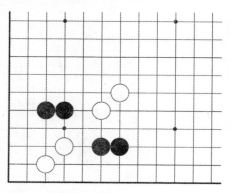

题目16 连接黑棋（黑先）

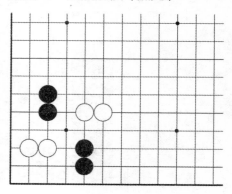

题目17 连接黑棋（黑先）

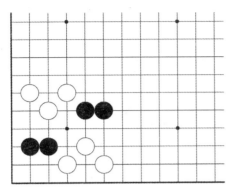

题目18 连接黑棋（黑先）

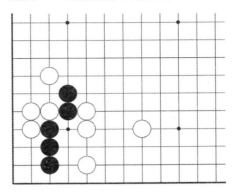

题目19 连接黑棋（黑先）

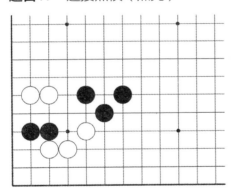

题目20 连接黑棋（黑先）

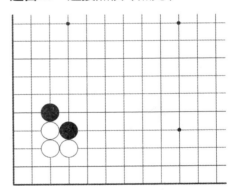

扫一扫
答案立现

题目11～20 答案

题目21 连接黑棋（黑先）

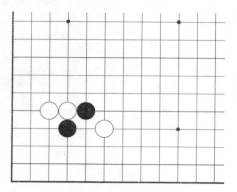

题目22 连接黑棋（黑先）

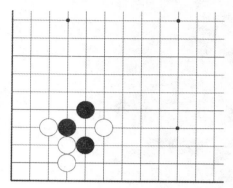

题目23 连接黑棋（黑先）

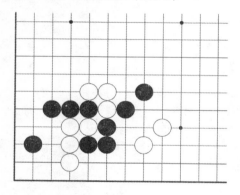

题目24 连接黑棋（黑先）

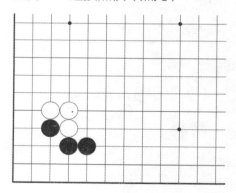

题目25 连接黑棋（黑先）

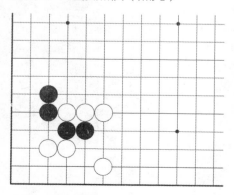

题目26 连接黑棋（黑先）

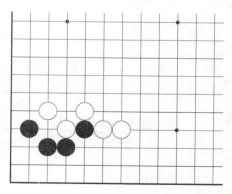

题目27 连接黑棋（黑先）

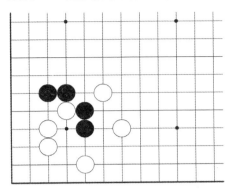

题目28 连接黑棋（黑先）

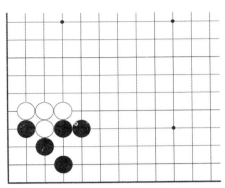

题目29 连接黑棋（黑先）

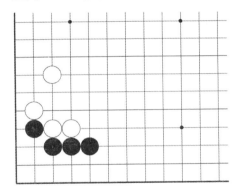

题目30 连接黑棋（黑先）

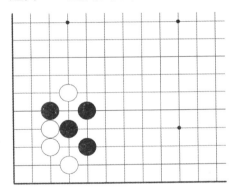

扫一扫
答案立现

题目21～30 答案

题目31　连接黑棋（黑先）

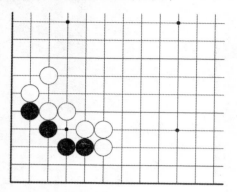

题目32　连接黑棋（黑先）

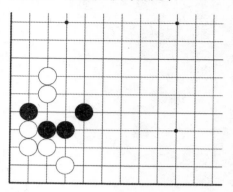

题目33　连接黑棋（黑先）

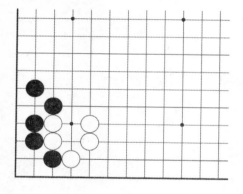

题目34　连接黑棋（黑先）

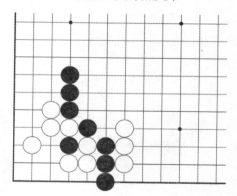

题目35 连接黑棋（黑先）

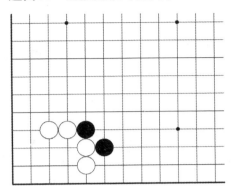

题目36 连接黑棋（黑先）

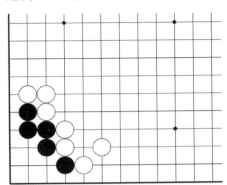

扫一扫
答案立现

题目31～36 答案

吃子的方法

一、门吃（黑先）

门吃：将对方棋子封闭起来（像关一扇门），使之只有一口气并无可逃遁，称为门吃。

门吃
扫码看讲解

题目1 门吃（黑先）

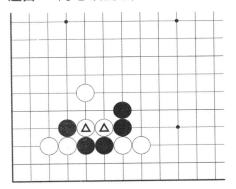

题目2 门吃（黑先）

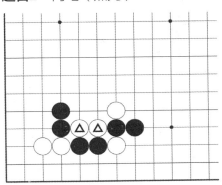

题目3 门吃（黑先）

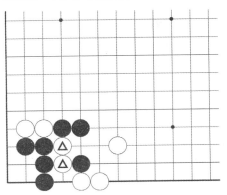

题目4 门吃（黑先）

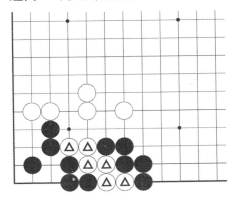

扫一扫
答案立现

题目1~4 答案

题目5 门吃（黑先）

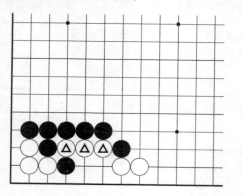

题目6 门吃（黑先）

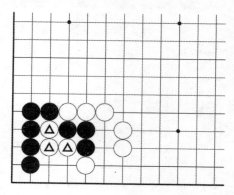

题目7 门吃（黑先）

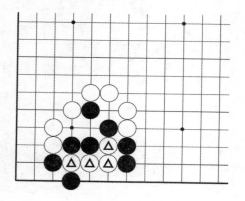

题目8 门吃（黑先）

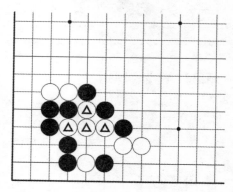

题目9 门吃（黑先）

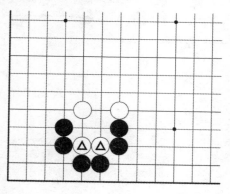

题目10 门吃（黑先）

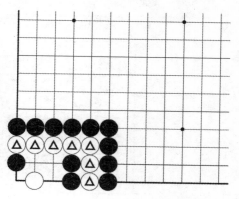

题目11 门吃（黑先）

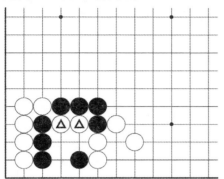

题目12 门吃（黑先）

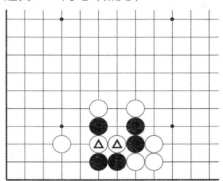

扫一扫
答案立现

❯❯

题目5~12 答案

二、抱吃（黑先）

抱吃：包围并堵住对方棋子的出路，使之无法逃跑，称为抱吃。

题目1 抱吃（黑先）

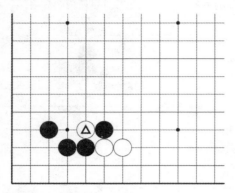

题目2 抱吃（黑先）

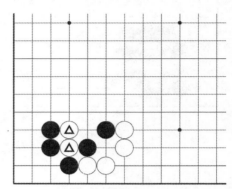

题目3 抱吃（黑先）

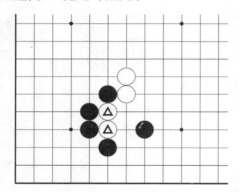

题目4 抱吃（黑先）

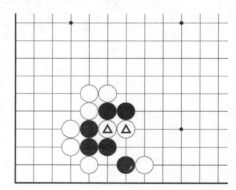

题目5 抱吃（黑先）

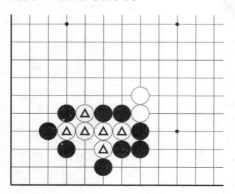

题目6 抱吃（黑先）

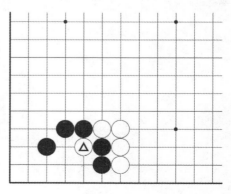

题目7 抱吃（黑先）

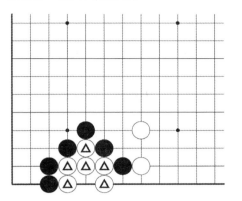

题目8 抱吃（黑先）

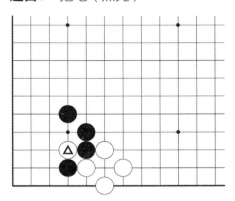

题目9 抱吃（黑先）

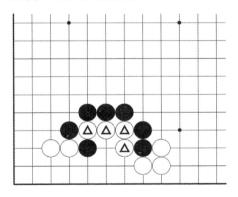

题目10 抱吃（黑先）

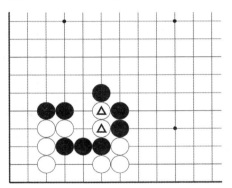

扫一扫
答案立现

题目1～10 答案

题目11 抱吃（黑先）

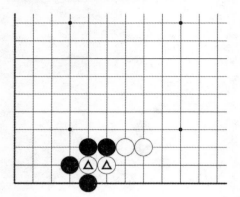

题目12 抱吃（黑先）

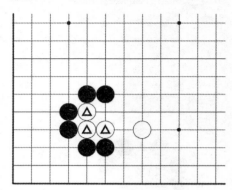

扫一扫
答案立现

题目11和12 答案

三、双吃（黑先）

双吃：一步棋同时打吃对方的两块棋，这种着法称
为双吃。

双吃
扫码看讲解

题目1　双吃（黑先）

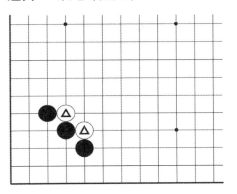

题目2　双吃（黑先）

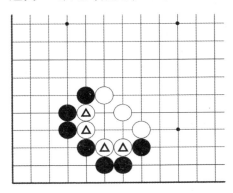

题目3　双吃（黑先）

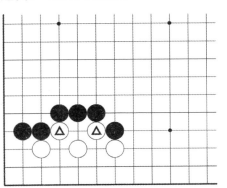

题目4　双吃（黑先）

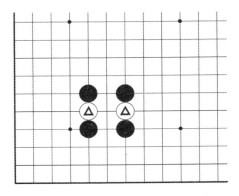

扫一扫
答案立现

题目1～4 答案

题目5 双吃（黑先）

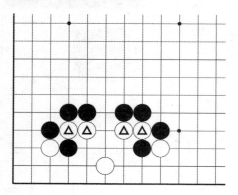

题目6 双吃（黑先）

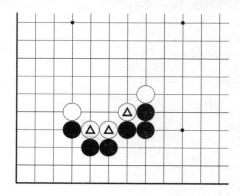

题目7 双吃（黑先）

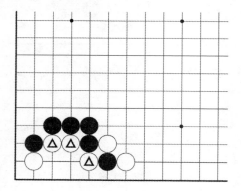

题目8 双吃（黑先）

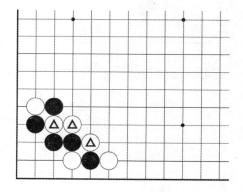

题目9 双吃（黑先）

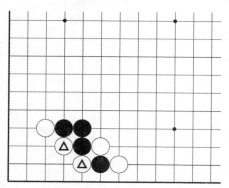

题目10 双吃（黑先）

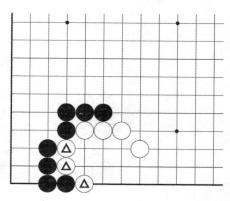

题目11 双吃（黑先）　　　　　　**题目12** 双吃（黑先）

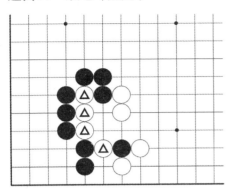
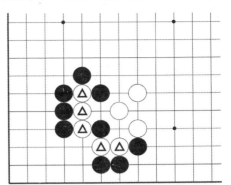

扫一扫
答案立现

题目5~12 答案

枷吃
扫码看讲解

四、枷吃（黑先）

枷吃：下一着棋将对方的若干棋子封住，称为枷吃。

题目1 枷吃（黑先）

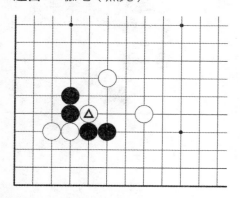

题目2 枷吃（黑先）

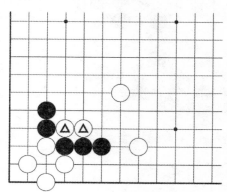

题目3 枷吃（黑先）

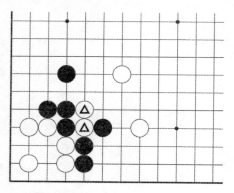

题目4 枷吃（黑先）

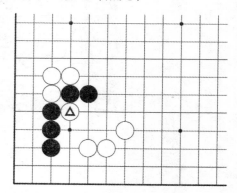

题目5 枷吃（黑先）

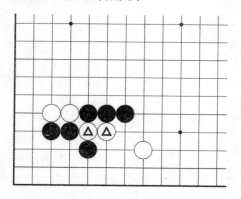

题目6 枷吃（黑先）

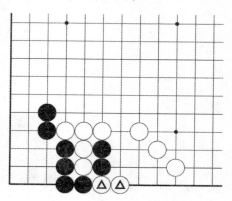

题目7 枷吃（黑先）

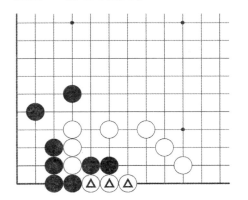

题目8 枷吃（黑先）

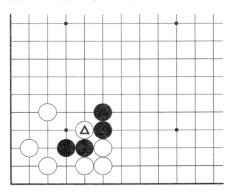

题目9 枷吃（黑先）

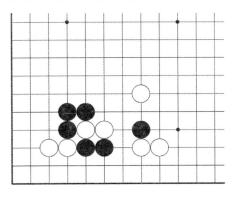

题目10 枷吃（黑先）

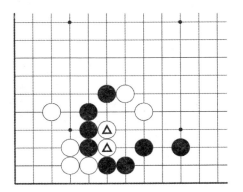

扫一扫
答案立现

题目1～10 答案

题目11 枷吃（黑先）

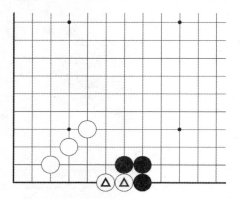

题目12 枷吃（黑先）

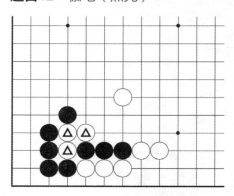

扫一扫
答案立现

题目11和12 答案

五、征吃（黑先）

征吃：又称做"扭羊头"，是一种连续打吃对方棋子，并正确堵住对方棋子逃路出路的吃子技巧。

征吃
扫码看讲解

题目1 征吃（黑先）

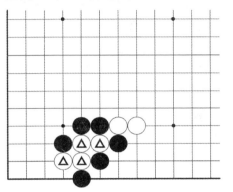

题目2 征吃（黑先）

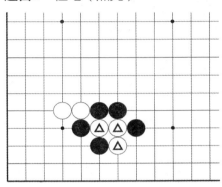

题目3 征吃（黑先）

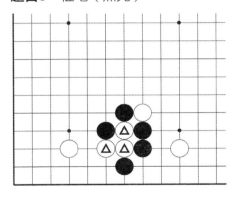

题目4 征吃（黑先）

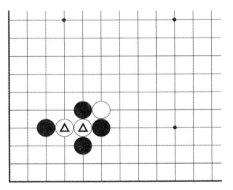

扫一扫
答案立现

题目1~4 答案

题目5 征吃（黑先）

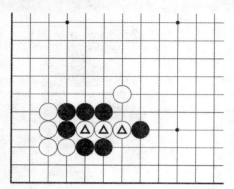

题目6 征吃（黑先）

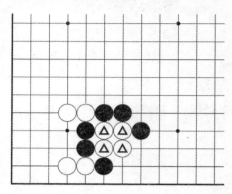

题目7 征吃（黑先）

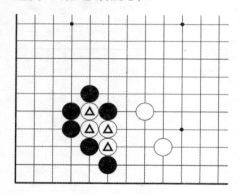

题目8 征吃（黑先）

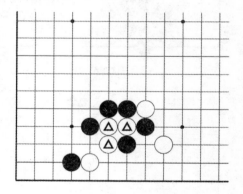

题目9 征吃（黑先）

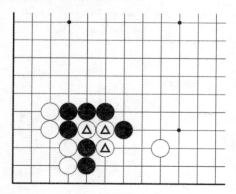

题目10 征吃（黑先）

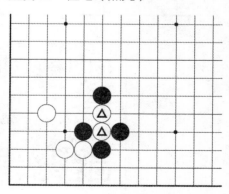

题目11 征吃（黑先）

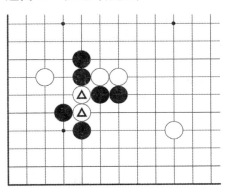

题目12 征吃（黑先）

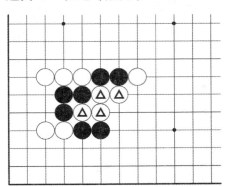

扫一扫
答案立现

题目5～12 答案

倒扑
扫码看讲解

六、倒扑（黑先）

倒扑：将棋子下在对方虎口或紧对方的气之后，被对方提吃仍可再提回的着法，称为倒扑。

题目1 倒扑（黑先）

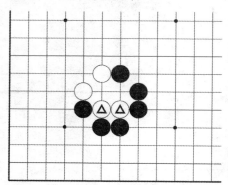

题目2 倒扑（黑先）

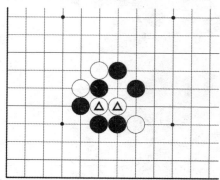

题目3 倒扑（黑先）

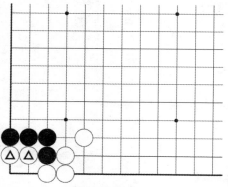

题目4 倒扑（黑先）

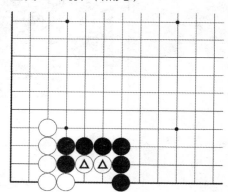

题目5 倒扑（黑先）

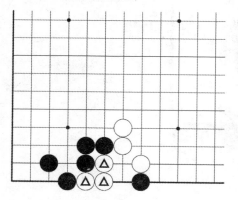

题目6 倒扑（黑先）

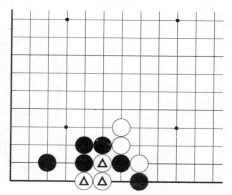

题目7 倒扑（黑先）

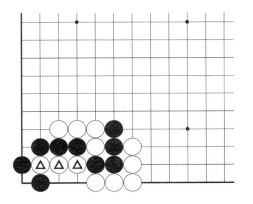

题目8 倒扑（黑先）

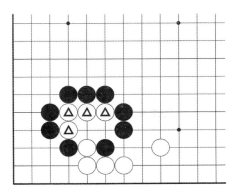

题目9 倒扑（黑先）

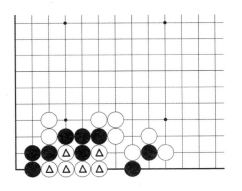

题目10 倒扑（黑先）

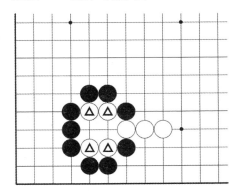

扫一扫
答案立现

题目1～10 答案

题目11 倒扑（黑先）

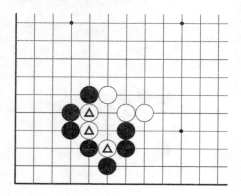

题目12 倒扑（黑先）

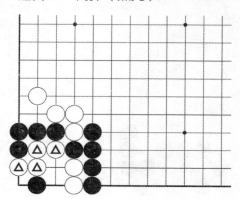

扫一扫
答案立现

题目11和12 答案

七、扑与接不归（黑先）

扑与接不归：在对方虎口下子，称为扑。利用对方棋子断点，通过打吃对方棋子或是扑，使对方来不及连回的着法，称为接不归。

扑与接不归
扫码看讲解

题目1 扑与接不归（黑先）

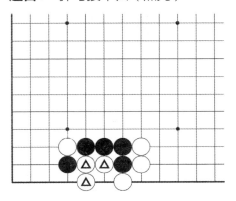

题目2 扑与接不归（黑先）

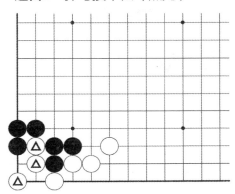

题目3 扑与接不归（黑先）

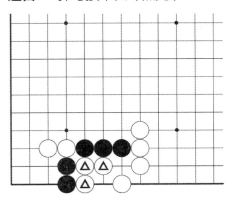

题目4 扑与接不归（黑先）

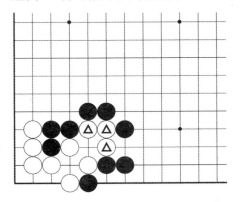

扫一扫
答案立现

题目1~4 答案

题目5 扑与接不归（黑先）

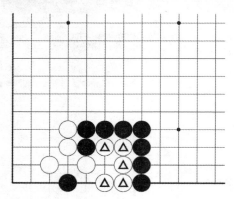

题目6 扑与接不归（黑先）

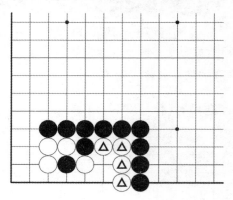

题目7 扑与接不归（黑先）

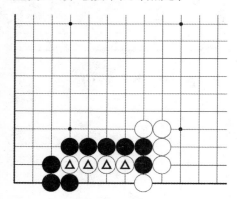

题目8 扑与接不归（黑先）

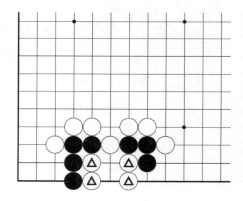

题目9 扑与接不归（黑先）

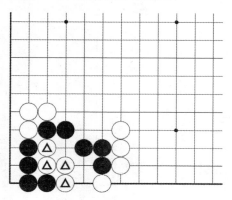

题目10 扑与接不归（黑先）

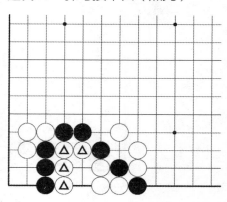

题目11 扑与接不归（黑先）

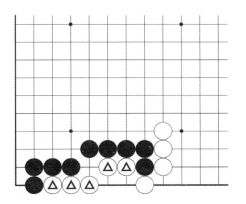

题目12 扑与接不归（黑先）

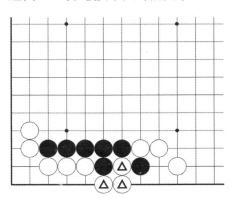

扫一扫
答案立现

题目5～12 答案

八、综合吃子练习（黑先）

题目1　综合吃子练习（黑先）

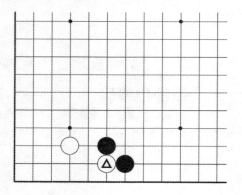

题目2　综合吃子练习（黑先）

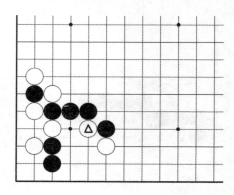

题目3　综合吃子练习（黑先）

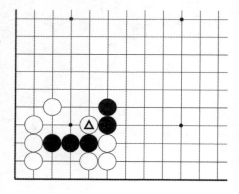

题目4　综合吃子练习（黑先）

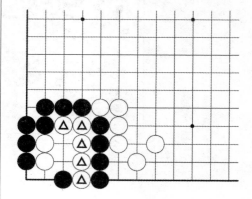

题目5　综合吃子练习（黑先）

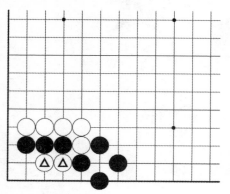

题目6　综合吃子练习（黑先）

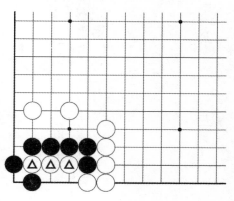

题目7 综合吃子练习（黑先）

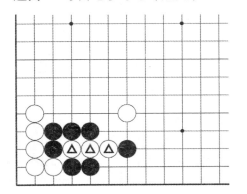

题目8 综合吃子练习（黑先）

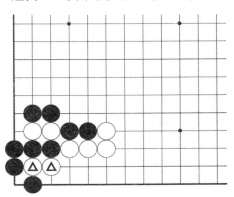

题目9 综合吃子练习（黑先）

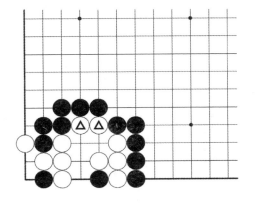

题目10 综合吃子练习（黑先）

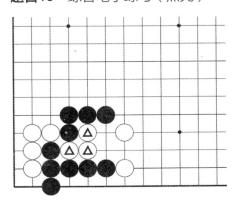

扫一扫
答案立现

题目1～10 答案

题目11 综合吃子练习（黑先）

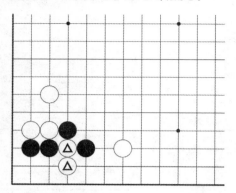

题目12 综合吃子练习（黑先）

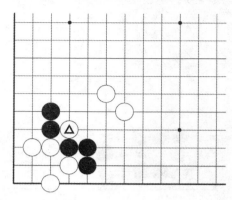

题目13 综合吃子练习（黑先）

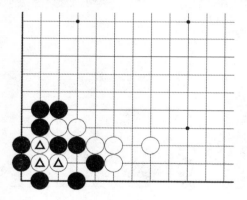

题目14 综合吃子练习（黑先）

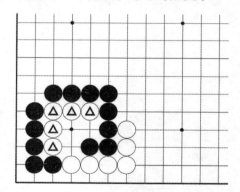

题目15 综合吃子练习（黑先）

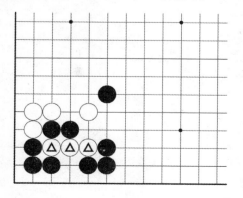

题目16 综合吃子练习（黑先）

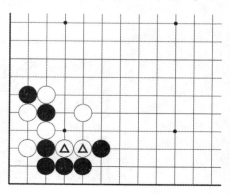

题目17 综合吃子练习（黑先）

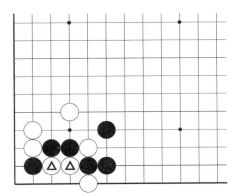

题目18 综合吃子练习（黑先）

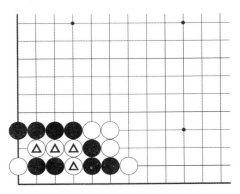

题目19 综合吃子练习（黑先）

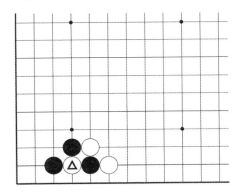

题目20 综合吃子练习（黑先）

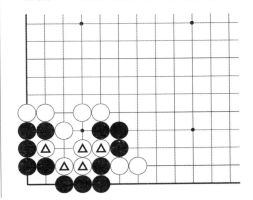

扫一扫
答案立现

题目11～20 答案

题目21 综合吃子练习（黑先）

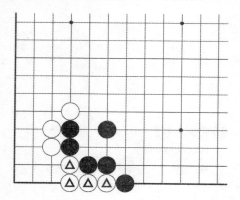

题目22 综合吃子练习（黑先）

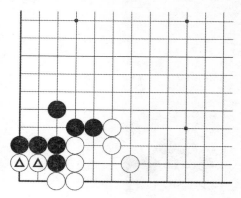

题目23 综合吃子练习（黑先）

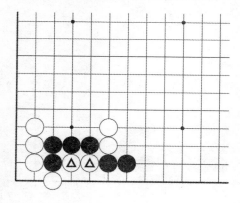

题目24 综合吃子练习（黑先）

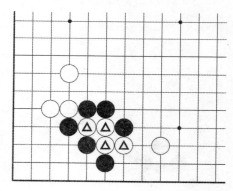

题目25 综合吃子练习（黑先）

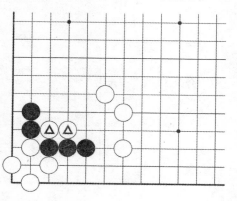

题目26 综合吃子练习（黑先）

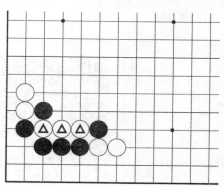

题目27 综合吃子练习（黑先）

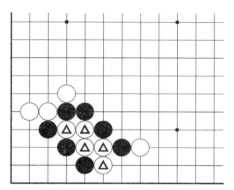

题目28 综合吃子练习（黑先）

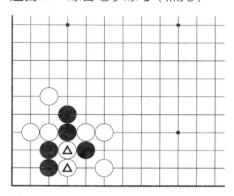

题目29 综合吃子练习（黑先）

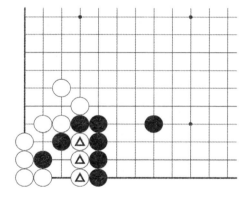

题目30 综合吃子练习（黑先）

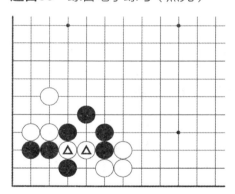

扫一扫
答案立现

题目21～30 答案

题目31 综合吃子练习（黑先）

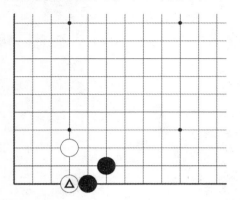

题目32 综合吃子练习（黑先）

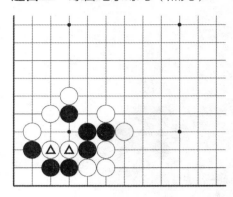

题目33 综合吃子练习（黑先）

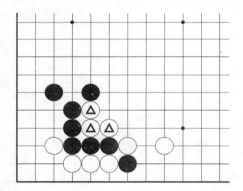

题目34 综合吃子练习（黑先）

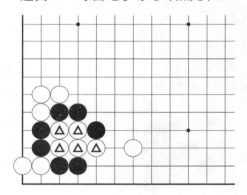

题目35 综合吃子练习（黑先）

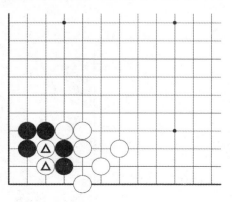

题目36 综合吃子练习（黑先）

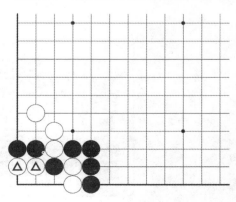

题目37 综合吃子练习（黑先）

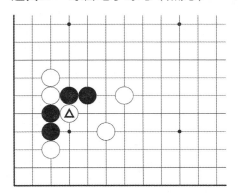

题目38 综合吃子练习（黑先）

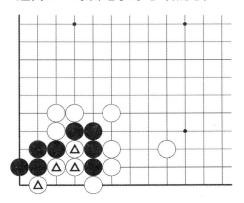

题目39 综合吃子练习（黑先）

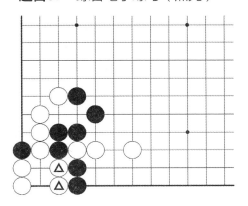

题目40 综合吃子练习（黑先）

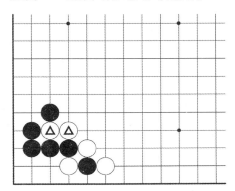

扫一扫
答案立现

题目31～40 答案

题目41 综合吃子练习（黑先）

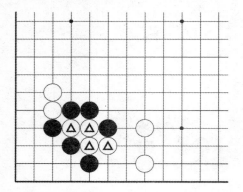

题目42 综合吃子练习（黑先）

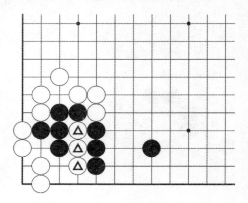

题目43 综合吃子练习（黑先）

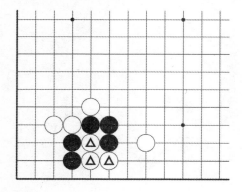

题目44 综合吃子练习（黑先）

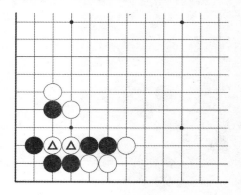

题目45 综合吃子练习（黑先）

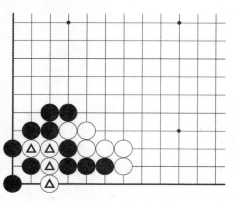

题目46 综合吃子练习（黑先）

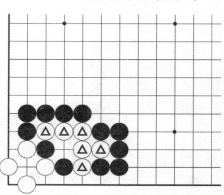

题目47 综合吃子练习（黑先）

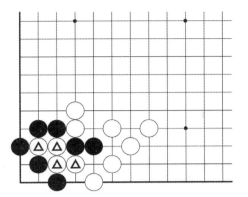

题目48 综合吃子练习（黑先）

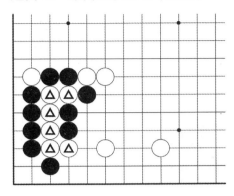

题目49 综合吃子练习（黑先）

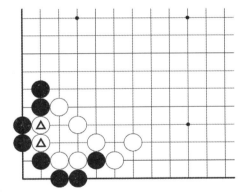

题目50 综合吃子练习（黑先）

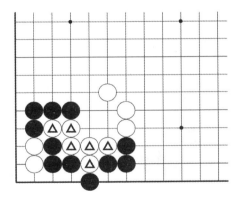

扫一扫
答案立现

题目41～50 答案

题目51　综合吃子练习（黑先）

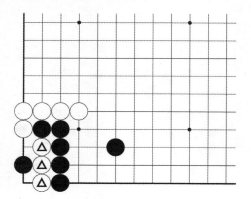

题目52　综合吃子练习（黑先）

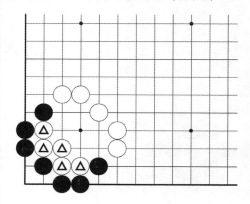

题目53　综合吃子练习（黑先）

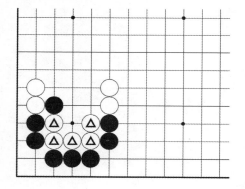

题目54　综合吃子练习（黑先）

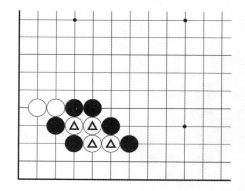

题目55　综合吃子练习（黑先）

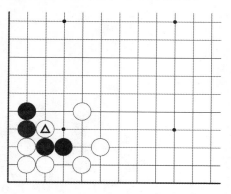

题目56　综合吃子练习（黑先）

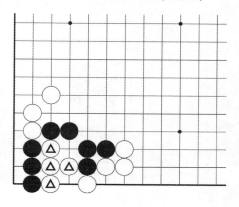

题目57 综合吃子练习（黑先）

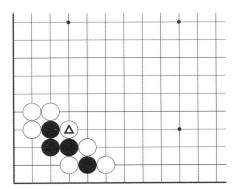

题目58 综合吃子练习（黑先）

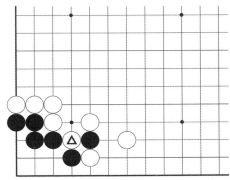

题目59 综合吃子练习（黑先）

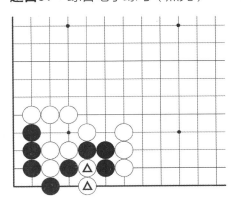

题目60 综合吃子练习（黑先）

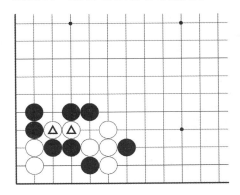

扫一扫
答案立现

题目51～60 答案

题目61 综合吃子练习（黑先）

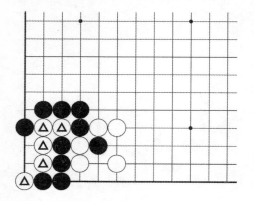

题目62 综合吃子练习（黑先）

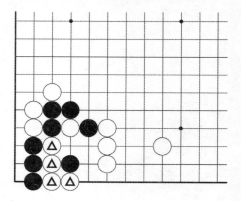

题目63 综合吃子练习（黑先）

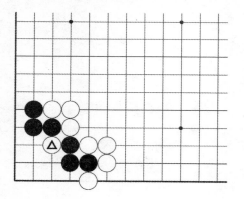

题目64 综合吃子练习（黑先）

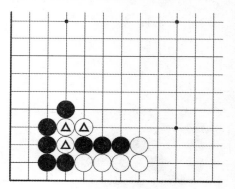

题目65 综合吃子练习（黑先）

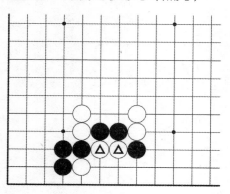

题目66 综合吃子练习（黑先）

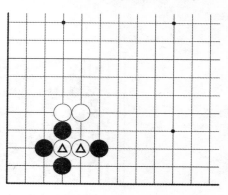

题目67 综合吃子练习（黑先）

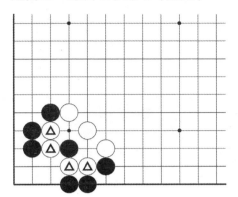

题目68 综合吃子练习（黑先）

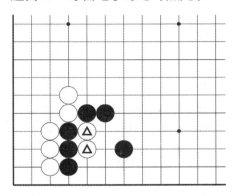

题目69 综合吃子练习（黑先）

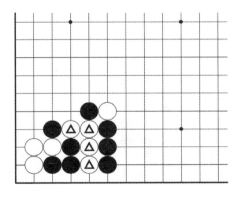

题目70 综合吃子练习（黑先）

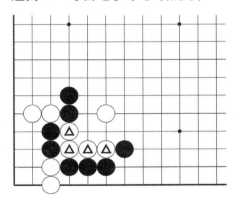

扫一扫
答案立现

题目61～70 答案

题目71 综合吃子练习（黑先）

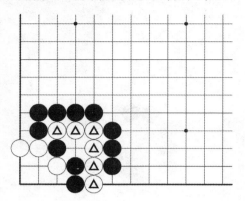

题目72 综合吃子练习（黑先）

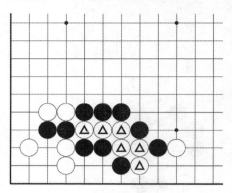

题目73 综合吃子练习（黑先）

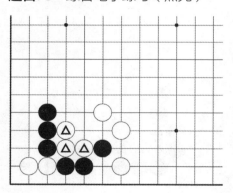

题目74 综合吃子练习（黑先）

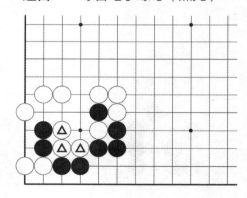

题目75 综合吃子练习（黑先）

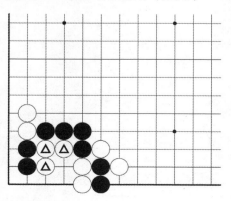

题目76 综合吃子练习（黑先）

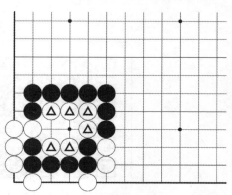

题目77 综合吃子练习（黑先）

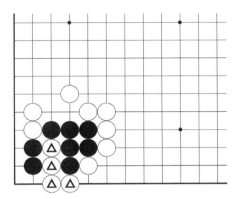

题目78 综合吃子练习（黑先）

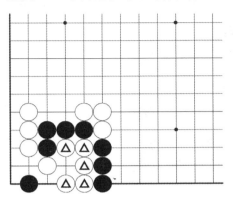

题目79 综合吃子练习（黑先）

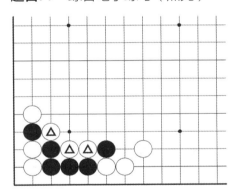

题目80 综合吃子练习（黑先）

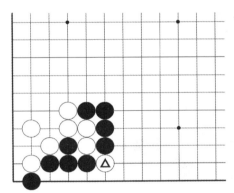

扫一扫
答案立现

题目71~80 答案

题目81 综合吃子练习（黑先）

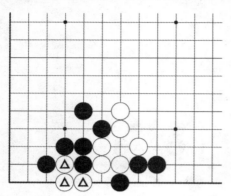

题目82 综合吃子练习（黑先）

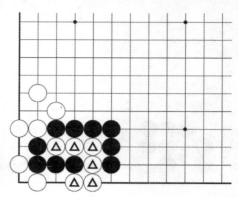

题目83 综合吃子练习（黑先）

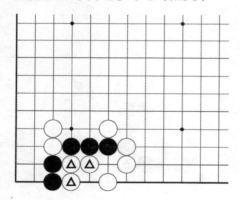

题目84 综合吃子练习（黑先）

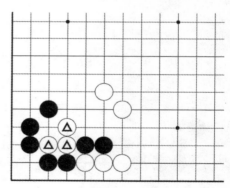

题目85 综合吃子练习（黑先）

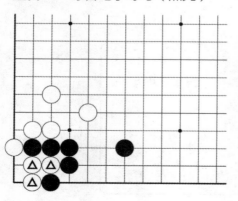

题目86 综合吃子练习（黑先）

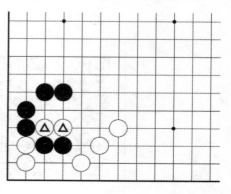

题目87 综合吃子练习（黑先）

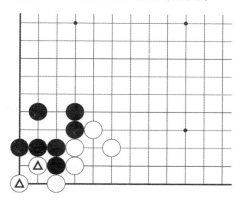

题目88 综合吃子练习（黑先）

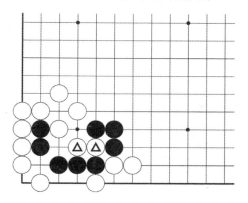

题目89 综合吃子练习（黑先）

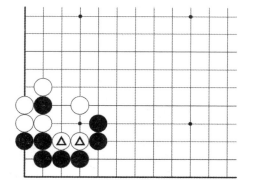

题目90 综合吃子练习（黑先）

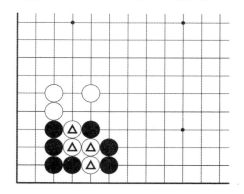

扫一扫
答案立现

题目81～90 答案

题目91 综合吃子练习（黑先）

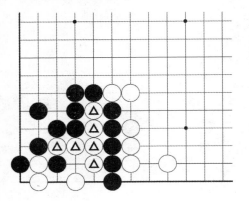

题目92 综合吃子练习（黑先）

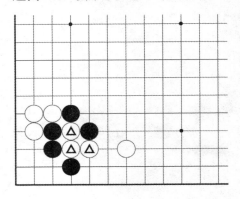

题目93 综合吃子练习（黑先）

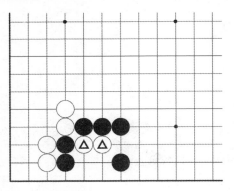

题目94 综合吃子练习（黑先）

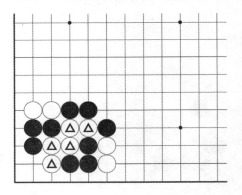

题目95 综合吃子练习（黑先）

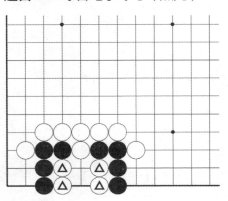

题目96 综合吃子练习（黑先）

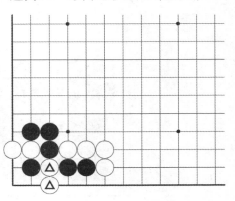

题目97 综合吃子练习（黑先）

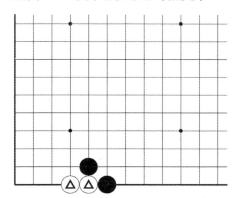

题目98 综合吃子练习（黑先）

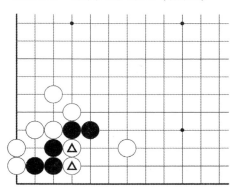

题目99 综合吃子练习（黑先）

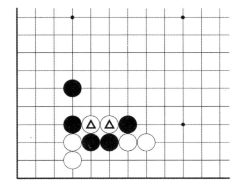

题目100 综合吃子练习（黑先）

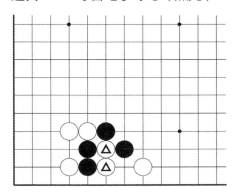

扫一扫
答案立现

题目91～100 答案

题目101 综合吃子练习（黑先）

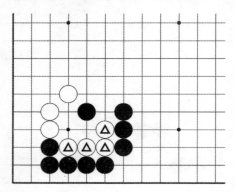

题目102 综合吃子练习（黑先）

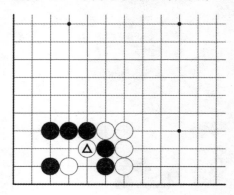

题目103 综合吃子练习（黑先）

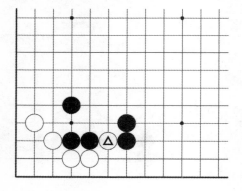

题目104 综合吃子练习（黑先）

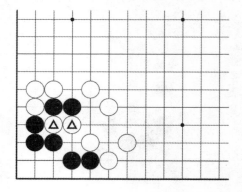

题目105 综合吃子练习（黑先）

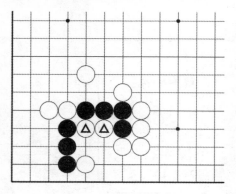

题目106 综合吃子练习（黑先）

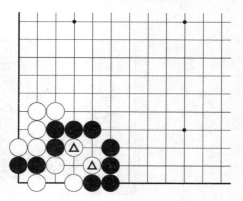

题目107 综合吃子练习（黑先）

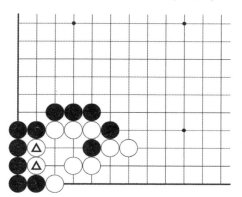

题目108 综合吃子练习（黑先）

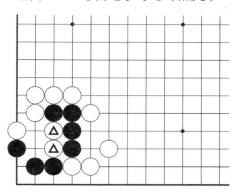

题目109 综合吃子练习（黑先）

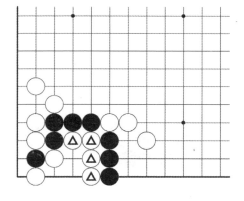

题目110 综合吃子练习（黑先）

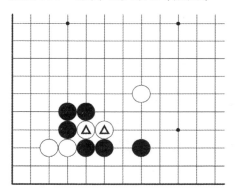

扫一扫
答案立现

题目101～110 答案

题目111 综合吃子练习（黑先）

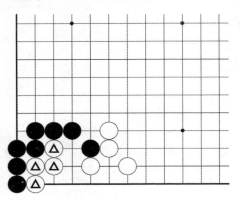

题目112 综合吃子练习（黑先）

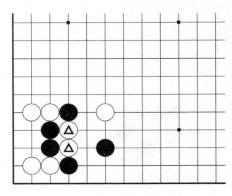

题目113 综合吃子练习（黑先）

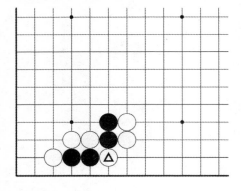

题目114 综合吃子练习（黑先）

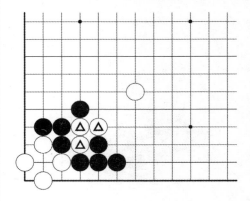

题目115 综合吃子练习（黑先）

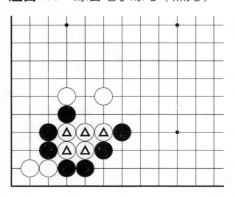

题目116 综合吃子练习（黑先）

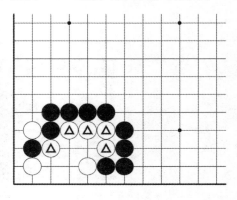

题目117 综合吃子练习（黑先）

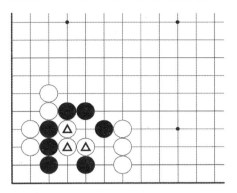

题目118 综合吃子练习（黑先）

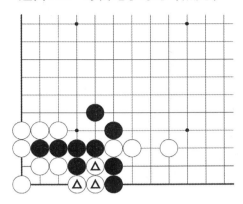

题目119 综合吃子练习（黑先）

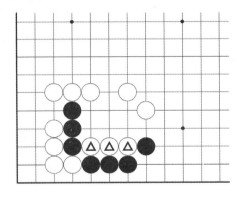

题目120 综合吃子练习（黑先）

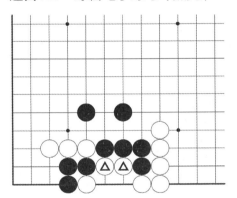

扫一扫
答案立现

题目111~120 答案

题目121 综合吃子练习（黑先）

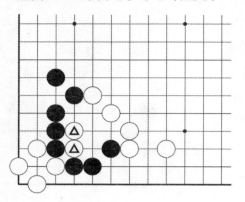

题目122 综合吃子练习（黑先）

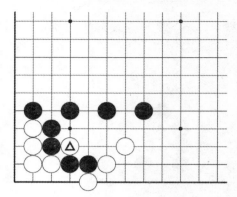

题目123 综合吃子练习（黑先）

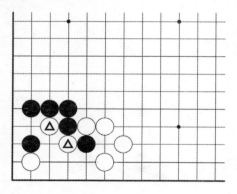

题目124 综合吃子练习（黑先）

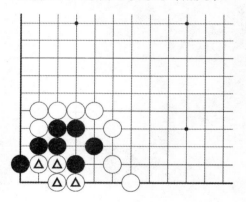

题目125 综合吃子练习（黑先）

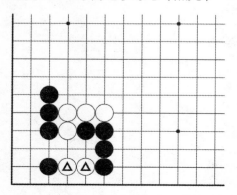

题目126 综合吃子练习（黑先）

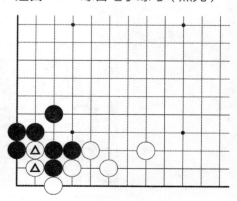

题目127 综合吃子练习（黑先）

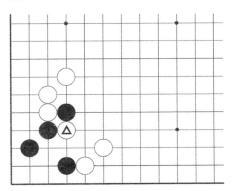

题目128 综合吃子练习（黑先）

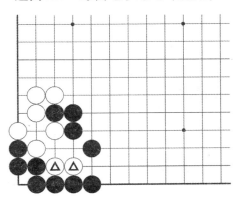

题目129 综合吃子练习（黑先）

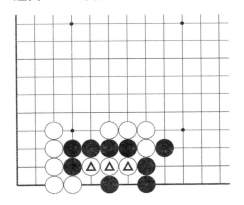

题目130 综合吃子练习（黑先）

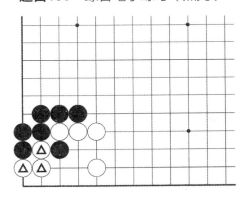

扫一扫
答案立现

题目121～130 答案

题目131 综合吃子练习（黑先）

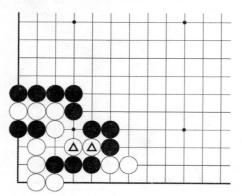

题目132 综合吃子练习（黑先）

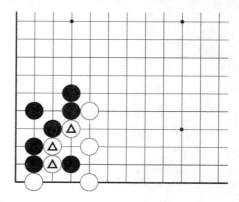

题目133 综合吃子练习（黑先）

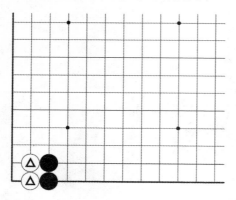

题目134 综合吃子练习（黑先）

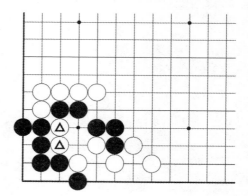

题目135 综合吃子练习（黑先）

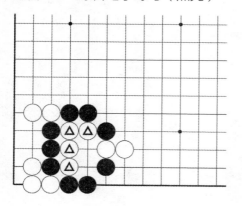

题目136 综合吃子练习（黑先）

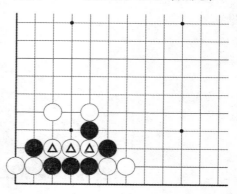

题目137 综合吃子练习（黑先）

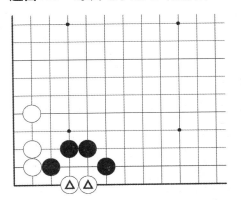

题目138 综合吃子练习（黑先）

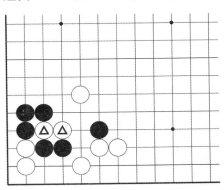

题目139 综合吃子练习（黑先）

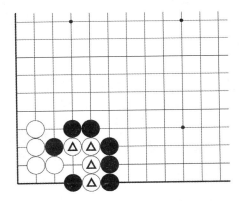

题目140 综合吃子练习（黑先）

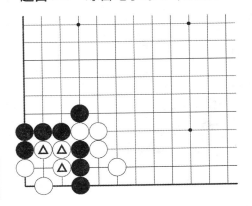

扫一扫
答案立现

题目131～140 答案

题目141 综合吃子练习（黑先）

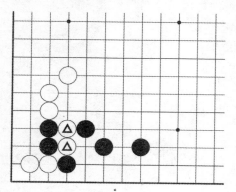

题目142 综合吃子练习（黑先）

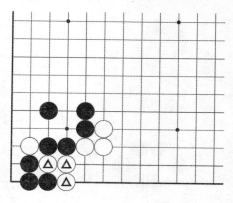

题目143 综合吃子练习（黑先）

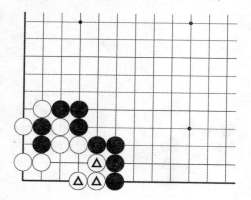

题目144 综合吃子练习（黑先）

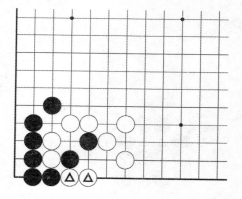

题目145 综合吃子练习（黑先）

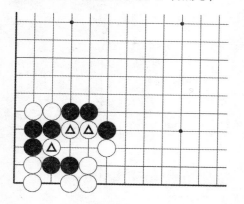

题目146 综合吃子练习（黑先）

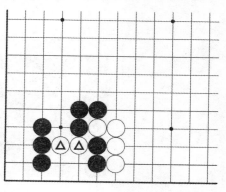

题目147 综合吃子练习（黑先）

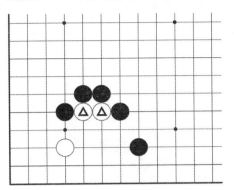

题目148 综合吃子练习（黑先）

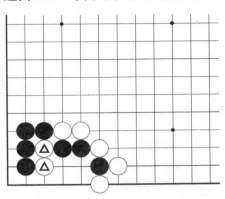

题目149 综合吃子练习（黑先）

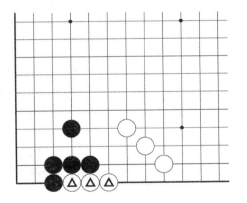

题目150 综合吃子练习（黑先）

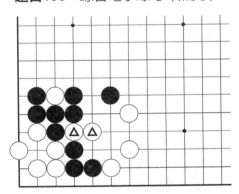

扫一扫
答案立现

题目141～150 答案

题目151 综合吃子练习（黑先）

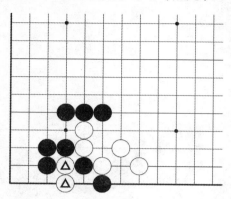

题目152 综合吃子练习（黑先）

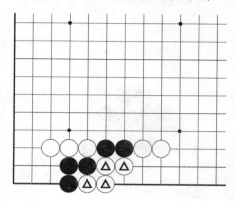

题目153 综合吃子练习（黑先）

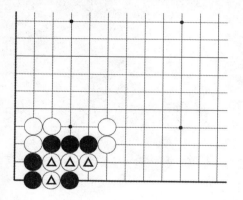

题目154 综合吃子练习（黑先）

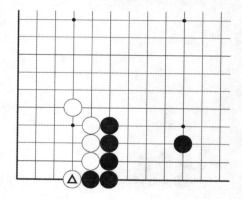

题目155 综合吃子练习（黑先）

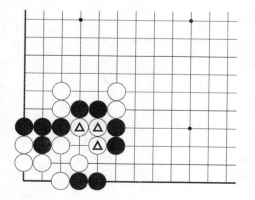

题目156 综合吃子练习（黑先）

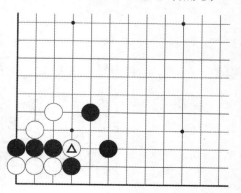

题目157 综合吃子练习（黑先）

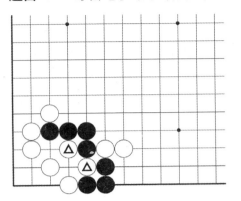

题目158 综合吃子练习（黑先）

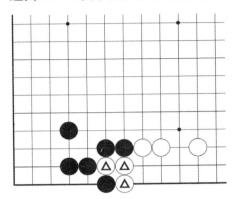

题目159 综合吃子练习（黑先）

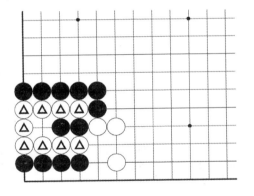

题目160 综合吃子练习（黑先）

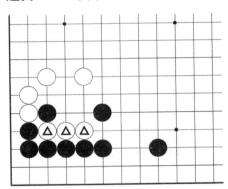

扫一扫
答案立现

题目151～160 答案

题目161　综合吃子练习（黑先）

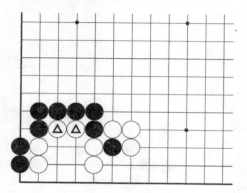

题目162　综合吃子练习（黑先）

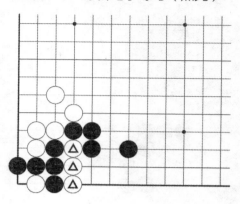

题目163　综合吃子练习（黑先）

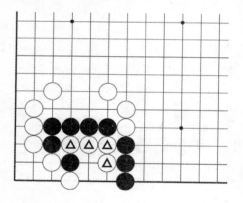

题目164　综合吃子练习（黑先）

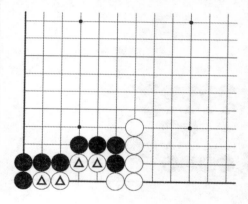

题目165　综合吃子练习（黑先）

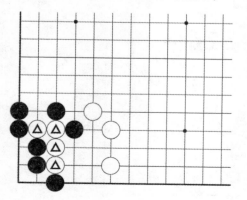

题目166　综合吃子练习（黑先）

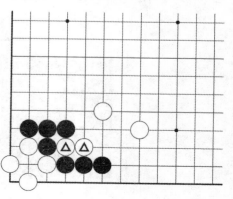

题目167 综合吃子练习（黑先）

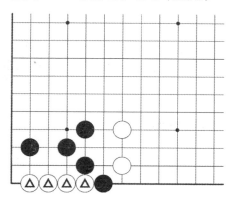

题目168 综合吃子练习（黑先）

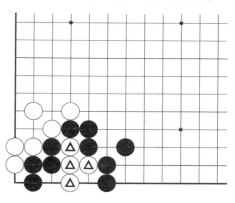

题目169 综合吃子练习（黑先）

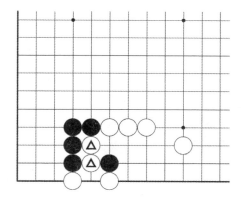

题目170 综合吃子练习（黑先）

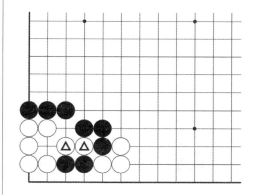

扫一扫
答案立现

题目161～170 答案

题目171　综合吃子练习（黑先）

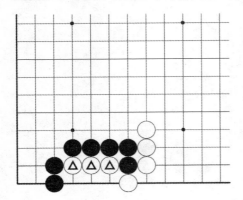

题目172　综合吃子练习（黑先）

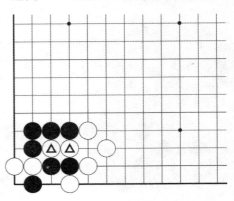

题目173　综合吃子练习（黑先）

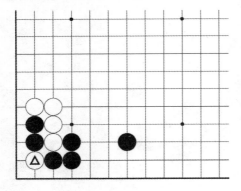

题目174　综合吃子练习（黑先）

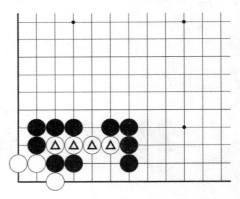

题目175　综合吃子练习（黑先）

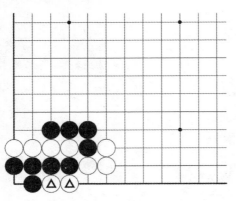

题目176　综合吃子练习（黑先）

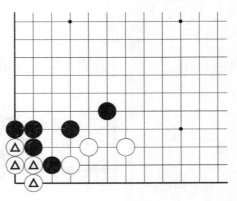

题目177 综合吃子练习（黑先）

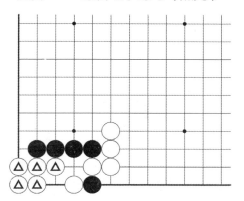

题目178 综合吃子练习（黑先）

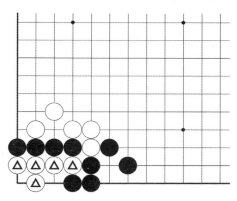

题目179 综合吃子练习（黑先）

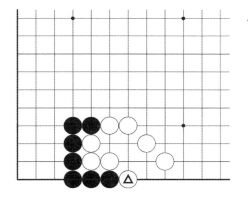

题目180 综合吃子练习（黑先）

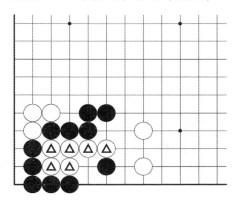

扫一扫
答案立现

题目171～180 答案

题目181　综合吃子练习（黑先）

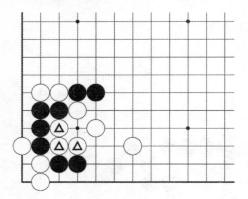

题目182　综合吃子练习（黑先）

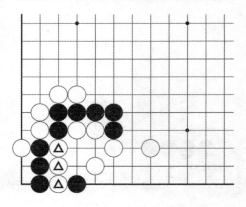

题目183　综合吃子练习（黑先）

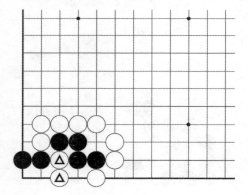

题目184　综合吃子练习（黑先）

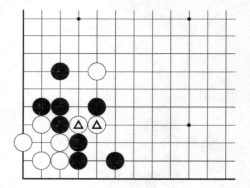

题目185　综合吃子练习（黑先）

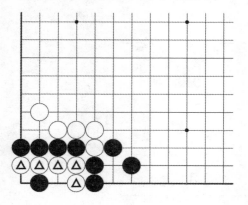

题目186　综合吃子练习（黑先）

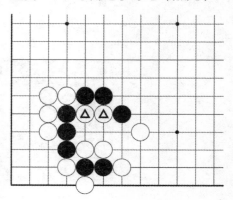

题目187 综合吃子练习（黑先）

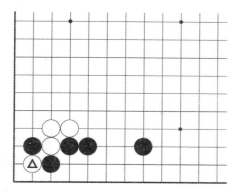

题目188 综合吃子练习（黑先）

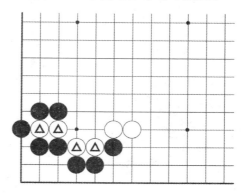

题目189 综合吃子练习（黑先）

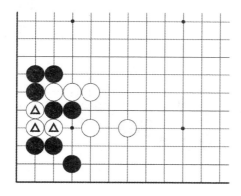

题目190 综合吃子练习（黑先）

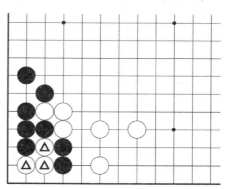

扫一扫
答案立现

题目181～190 答案

题目191 综合吃子练习（黑先）

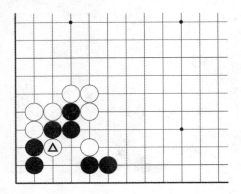

题目192 综合吃子练习（黑先）

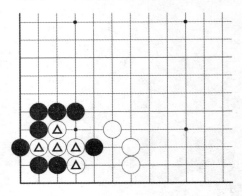

题目193 综合吃子练习（黑先）

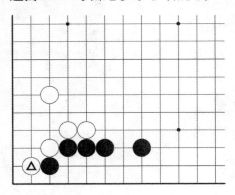

题目194 综合吃子练习（黑先）

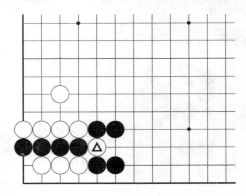

题目195 综合吃子练习（黑先）

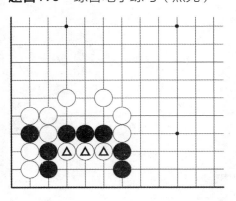

题目196 综合吃子练习（黑先）

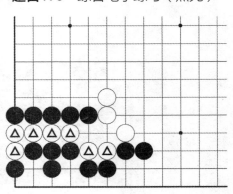

题目197 综合吃子练习（黑先）

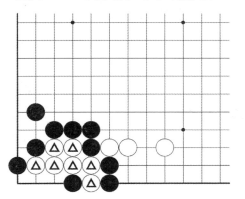

题目198 综合吃子练习（黑先）

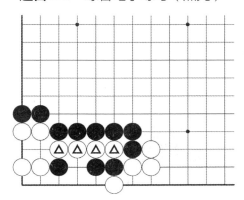

题目199 综合吃子练习（黑先）

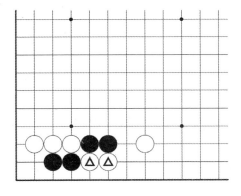

题目200 综合吃子练习（黑先）

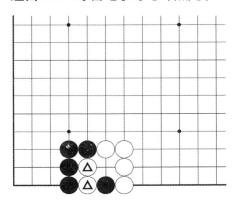

扫一扫
答案立现

题目191～200 答案

题目201　综合吃子练习（黑先）

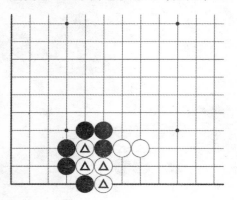

题目202　综合吃子练习（黑先）

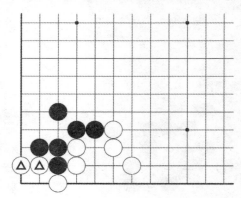

题目203　综合吃子练习（黑先）

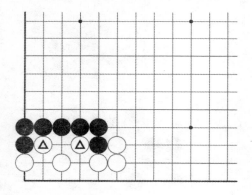

题目204　综合吃子练习（黑先）

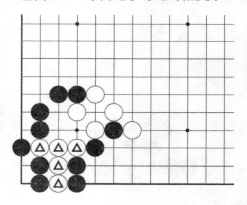

题目205　综合吃子练习（黑先）

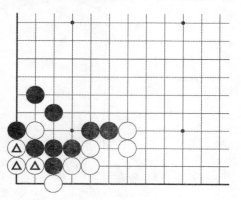

题目206　综合吃子练习（黑先）

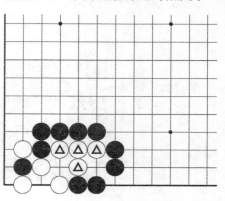

题目207 综合吃子练习（黑先）

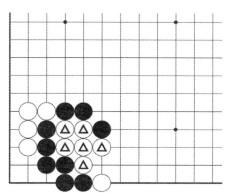

题目208 综合吃子练习（黑先）

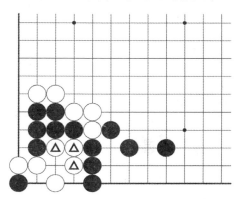

题目209 综合吃子练习（黑先）

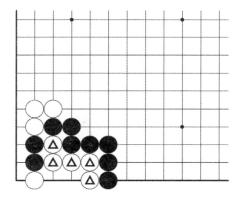

题目210 综合吃子练习（黑先）

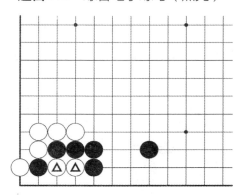

扫一扫
答案立现

题目201～210 答案

题目211　综合吃子练习（黑先）

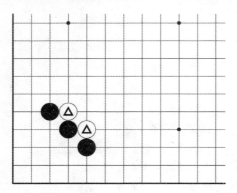

题目212　综合吃子练习（黑先）

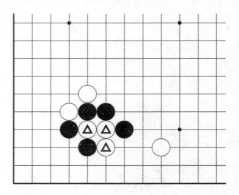

题目213　综合吃子练习（黑先）

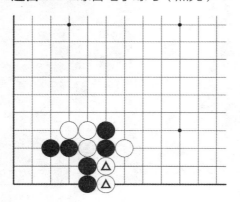

题目214　综合吃子练习（黑先）

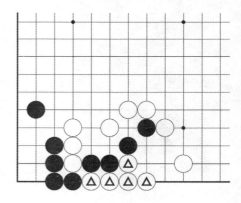

题目215　综合吃子练习（黑先）

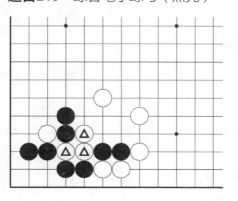

题目216　综合吃子练习（黑先）

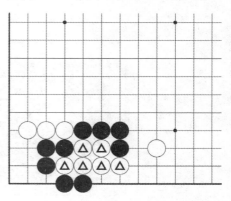

题目217 综合吃子练习（黑先）

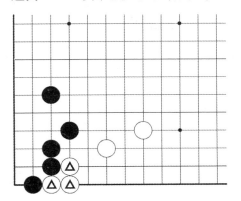

题目218 综合吃子练习（黑先）

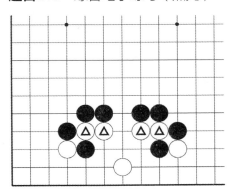

题目219 综合吃子练习（黑先）

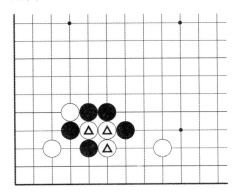

题目220 综合吃子练习（黑先）

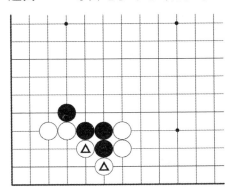

扫一扫
答案立现

题目211～220 答案

题目221　综合吃子练习（黑先）

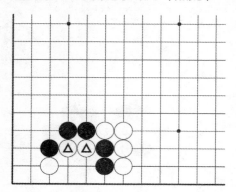

题目222　综合吃子练习（黑先）

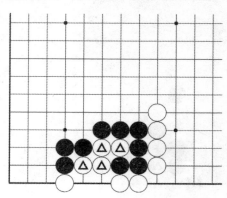

题目223　综合吃子练习（黑先）

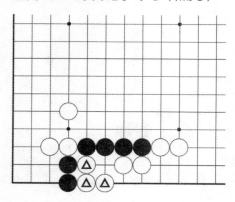

题目224　综合吃子练习（黑先）

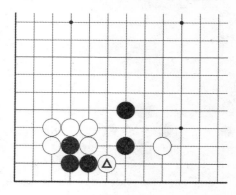

题目225　综合吃子练习（黑先）

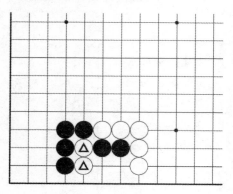

题目226　综合吃子练习（黑先）

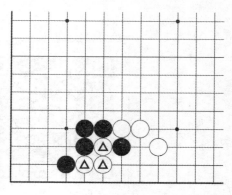

题目227　综合吃子练习（黑先）

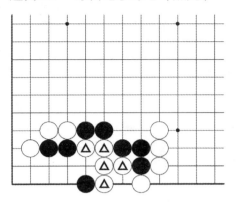

题目228　综合吃子练习（黑先）

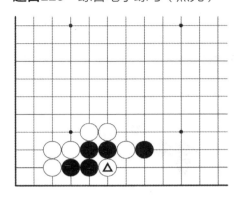

题目229　综合吃子练习（黑先）

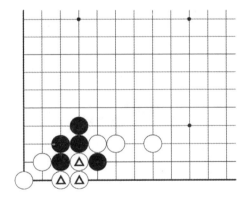

题目230　综合吃子练习（黑先）

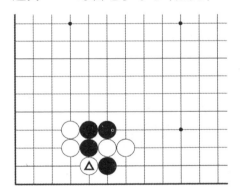

扫一扫
答案立现

题目221～230　答案

题目231 综合吃子练习（黑先）

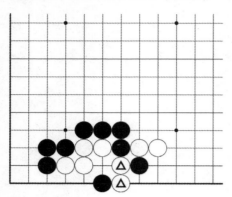

题目232 综合吃子练习（黑先）

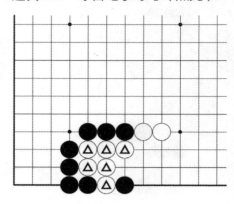

题目233 综合吃子练习（黑先）

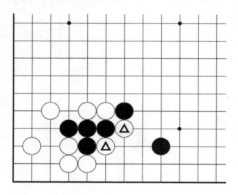

题目234 综合吃子练习（黑先）

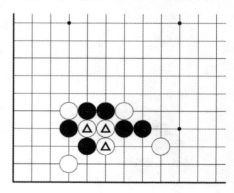

题目235 综合吃子练习（黑先）

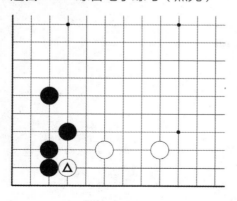

题目236 综合吃子练习（黑先）

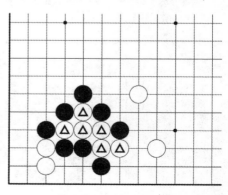

题目237 综合吃子练习（黑先）

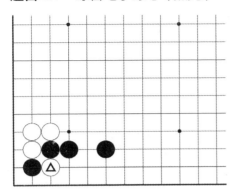

题目238 综合吃子练习（黑先）

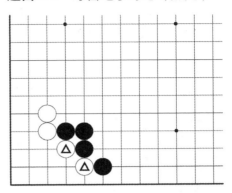

题目239 综合吃子练习（黑先）

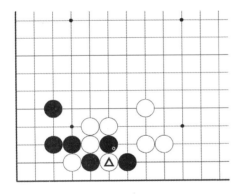

题目240 综合吃子练习（黑先）

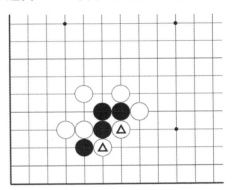

扫一扫
答案立现

题目231～240 答案

参考文献

[1] 金茜倩. 金老师教你巧学围棋-围棋入门[M]. 1. 北京：化学工业出版社，
    2018.

[2] 胡晓苓. 新编围棋教学习题册[M]. 天津：天津科学技术出版社，2014.

[3] 宋建文. 围棋吃子技巧习题集[M]. 沈阳：辽宁科学技术出版社，2017.

[4] 宋建文. 围棋入门精练1500题 提高篇[M]. 北京：化学工业出版社，2022.